BETLEJEM: WSPÓŁCZESNE SPOJRZENIE NA KUCHNIĘ PALESTYŃSKĄ

100 współczesnych smaków z serca Palestyny

LIDIA OLSZEWSKA

Prawa autorskie ©2024

Wszelkie prawa zastrzeżone

Żadna część tej książki nie może być wykorzystywana ani rozpowszechniana w jakiejkolwiek formie i w jakikolwiek sposób bez odpowiedniej pisemnej zgody wydawcy i właściciela praw autorskich, z wyjątkiem krótkich cytatów użytych w recenzji. Niniejsza książka nie powinna być traktowana jako substytut porady lekarskiej, prawnej lub innej porady zawodowej.

SPIS TREŚCI

- SPIS TREŚCI 3
- WSTĘP 6
- **ŚNIADANIE** 7
  1. Musakhan Rolls 8
  2. Wstrętne Medames (fasola fava) 10
  3. Za'atar Manakeesh 12
  4. Palestyńska Shakshuka 14
  5. Bajgle jerozolimskie (Ka'Ak Alquds) 16
  6. Koktajl z jogurtu i daktyli 18
  7. Sardynka i hasz ziemniaczany 20
  8. Pełne medykamenty 22
  9. Maldouf FlatBread 24
  10. Shakshuka 26
  11. Manoushe (podpłomyk syryjski z za'atarem) ... 28
  12. Chleb Ka'ak 30
  13. Fatteh (zapiekanka śniadaniowa syryjska) 32
  14. Podpłomyk syryjski 34
  15. Toast Labneh i Za'atar 36
- **PRZEKĄSKI I PRZYSTAWKI** 38
  16. Chipsy Khubz (podpłomyki) 39
  17. Daktyle z Migdałami 41
  18. Falafel 43
  19. Szpinak Fatayer 45
  20. Faszerowana cebula 47
  21. Latkesa 50
  22. Talerz z różnymi daktylami 52
  23. Faul 54
  24. Samosa 56
  25. Muhammara (syryjski dip z ostrej papryki) 59
  26. Baba Ghanoush 62
- **DANIE GŁÓWNE** 64
  27. Jedra (Soczewica i Ryż) 65
  28. Kurczak Faszerowany (Djaj Mahshi) 67
  29. Kurczak Grillowany (Djaj Harari) 70
  30. Malwa (Khuzaibah) 72
  31. Faszerowana Cukinia (Mahshi Kpusa) 74
  32. Gołąbki (Mahshi Malfouf) 77
  33. Qalayet Banadora (gulasz pomidorowy) 79
  34. Marynowana Oliwka Zielona 81
  35. Musaka 83
  36. Zupa z soczewicy i dyni 85

37. Pikantna ryba gazańska 87
38. Miska z krewetkami 89
39. Placki Szpinakowe 91
40. Musakhan 93
41. Tymianek Mutabbaq 95
42. Malfoufa 97
43. Al Qidra Al Khaliliya 99
44. Rissole: Mięso Mielone 101
45. Mejadra 103
46. Grubas Na'amy 106
47. Sałatka ze szpinaku baby z daktylami i migdałami 108
48. Pieczona dynia piżmowa z za'atarem 110
49. Mieszana sałatka fasolowa 112
50. Surówka z warzyw korzeniowych z labneh 114
51. Smażone pomidory z czosnkiem 116
52. Smażony kalafior z tahini 118
53. Tabbouleh 120
54. Sabih 122

ZUPY 125

55. Bissara (zupa fasolowa) 126
56. Shorbat Adas (Zupa z Soczewicy) 128
57. Shorbat Freekeh (Zupa Freekeh) 130
58. Shorbat Khodar (Zupa Jarzynowa) 132
59. Burak Kubbeh (Zupa Kubbeh) 134
60. Shorbat Khodar (Zupa Jarzynowa) 137
61. Szurba warzywna 139
62. Zupa z rzeżuchy i ciecierzycy z wodą różaną 141
63. Gorąca zupa jogurtowo-jęczmienna 144
64. Zupa pistacjowa 146
65. Zupa z Palonego Bakłażana i Mograbieh 149
66. Zupa pomidorowa na zakwasie 152

SAŁATKI 154

67. Sałatka z pomidorów i ogórków 155
68. Sałatka z ciecierzycy (Salatat Hummus) 157
69. Sałatka Tabbouleh 159
70. Sałatka Fattoush 161
71. Sałatka z kalafiora, fasoli i ryżu 163
72. Sałatka z daktyliami i orzechami włoskimi 165
73. Sałatka z marchwi i pomarańczy 167

DESER 169

74. Knafeh 170
75. Atayef 172
76. Basbousa (Revani) 174

77. Tamriyeh (pliki cookie z datą) 176
78. Katarajef 178
79. Harisseh 180
80. Kwadraty migdałów sezamowych 182
81. Awameh 184
82. Ciasteczka różane (Qurabiya) 186
83. Tarta bananowo-daktylowa 188
84. Lody Szafranowe 190
85. Kremowy Karmel (Muhallabia) 192
86. Mamoul z datami 194
87. Syryjska Namora 197
88. Syryjskie ciasteczka daktylowe 199
89. Bakława 202
90. Halawet el Jibn (syryjskie bułeczki ze słodkim serem) 204
91. Basbousa (ciasto z semoliny) 206
92. Znoud El Sit (Ciasto z Nadzieniem Kremu Syryjskiego) 208
93. Mafroukeh (deser z kaszy manny i migdałów) 210
94. Galettes z czerwoną papryką i pieczonymi jajkami 212
95. Ciasto ziołowe 215
96. Bureki 218
97. Ghraybeh 221
98. Mutabbak 223
99. Szerbat 226
100. Pudding Qamar al-Din 228

WNIOSEK 230

WSTĘP

Ahlan wa Salan ! Witamy w „Betlejem: współczesne spojrzenie na kuchnię palestyńską" – kulinarnej podróży, która zaprasza do odkrywania serca Palestyny poprzez 100 współczesnych smaków. Ta książka kucharska jest hołdem dla bogatego dziedzictwa kulinarnego, żywych składników i innowacyjnych technik, które definiują kuchnię palestyńską. Dołącz do nas i wyruszamy w nowoczesną eksplorację tradycyjnych smaków przekazywanych z pokolenia na pokolenie.

Wyobraź sobie stół udekorowany aromatycznymi gulaszami, żywymi sałatkami i słodkimi wypiekami – a wszystko to inspirowane różnorodnymi krajobrazami i wpływami kulturowymi Betlejem i nie tylko. „Betlejem" to nie tylko zbiór przepisów; to hołd dla składników, technik i historii, które sprawiają, że kuchnia palestyńska jest odzwierciedleniem historii, odporności i radości ze wspólnych posiłków. Niezależnie od tego, czy masz palestyńskie korzenie, czy po prostu cenisz odważne i pełne niuansów smaki Bliskiego Wschodu, te przepisy zostały opracowane, aby poprowadzić Cię przez zawiłości kuchni palestyńskiej.

Od klasycznych dań, takich jak maqluba, po współczesne wariacje na temat mezze i pomysłowych deserów, każdy przepis to celebracja świeżości, przypraw i gościnności, które definiują kuchnię palestyńską. Niezależnie od tego, czy organizujesz uroczyste spotkanie, czy też delektujesz się przytulnym rodzinnym posiłkiem, ta książka kucharska to podstawowe źródło informacji, które pomoże Ci wprowadzić autentyczny smak Palestyny na Twój stół.

Dołącz do nas podczas przemierzania kulinarnych krajobrazów Betlejem, gdzie każde danie jest świadectwem żywych i różnorodnych smaków, które sprawiają, że kuchnia palestyńska jest cenioną tradycją kulinarną. Załóż więc fartuch, ogarnij ducha palestyńskiej gościnności i wyrusz w pyszną podróż po „Betlejem: współczesne spojrzenie na kuchnię palestyńską"

ŚNIADANIE

1. Roladki Musakhana

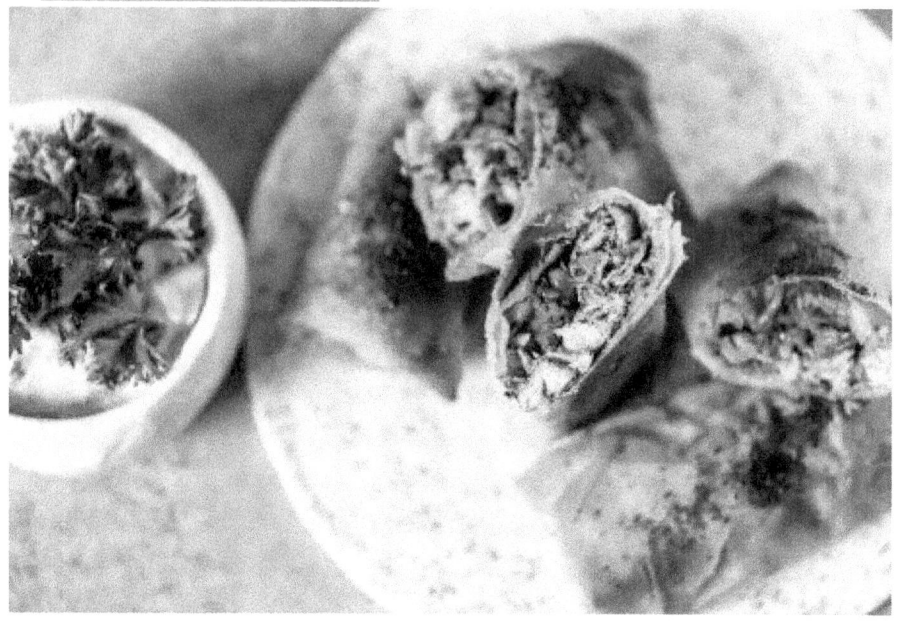

SKŁADNIKI:
- 2 szklanki rozdrobnionego gotowanego kurczaka
- 1 duża cebula, pokrojona w cienkie plasterki
- 1/4 szklanki sumaku
- Oliwa z oliwek
- Sól i pieprz do smaku
- Placek lub tortille

INSTRUKCJE:
a) Pokrojoną w plasterki cebulę podsmaż na oliwie z oliwek, aż się karmelizuje.
b) Dodaj posiekanego kurczaka, sumak, sól i pieprz. Gotuj, aż się rozgrzeje.
c) Podgrzej płaski chleb, następnie nałóż na każdy kawałek mieszaninę kurczaka i zwiń w rulon.

2.Foul Medames (fasola fava)

SKŁADNIKI:
- 2 puszki fasoli fava, odsączone
- 2 ząbki czosnku, posiekane
- 1/4 szklanki oliwy z oliwek
- Sok z 1 cytryny
- Sól i kminek do smaku
- Posiekana natka pietruszki do dekoracji

INSTRUKCJE:
a) Na patelni na oliwie podsmaż czosnek, aż zacznie pachnieć.
b) Dodaj fasolę fava, sok z cytryny, sól i kminek. Gotuj, aż się rozgrzeje.
c) Rozgnieć część fasoli widelcem. Podawać udekorowane posiekaną natką pietruszki.

3.Za'atar Manakeesh

SKŁADNIKI:
- Ciasto na pizzę lub podpłomyk
- 1/4 szklanki mieszanki przypraw za'atar
- 1/4 szklanki oliwy z oliwek
- Nasiona sezamu (opcjonalnie)

INSTRUKCJE:
a) Rozgrzać piekarnik. Rozwałkuj ciasto na płaski okrąg.
b) Wymieszaj za'atar z oliwą z oliwek, aby uzyskać pastę.
c) rozsmaruj pastę za'atar , pozostawiając brzeg.
d) Jeśli chcesz, posyp wierzch sezamem.
e) Piec, aż krawędzie będą złociste. Pokrój i podawaj.

4.Palestyńska Shakshuka

SKŁADNIKI:
- 2 łyżki oliwy z oliwek
- 1 cebula, drobno posiekana
- 3 papryki pokrojone w kostkę
- 4 ząbki czosnku, posiekane
- 1 łyżeczka mielonego kminku
- 1 łyżeczka papryki
- 1/2 łyżeczki pieprzu cayenne (dostosuj do smaku)
- 1 puszka (28 uncji) pokruszonych pomidorów
- Sól i pieprz do smaku
- 6-8 dużych jaj
- Świeża natka pietruszki do dekoracji

INSTRUKCJE:
a) Na dużej patelni rozgrzej oliwę z oliwek. Dodaj posiekaną cebulę i smaż, aż będzie przezroczysta.
b) Dodać pokrojoną w kostkę paprykę i przeciśnięty przez praskę czosnek. Gotuj, aż papryka zmięknie.
c) Wymieszać z mielonym kminkiem, papryką i pieprzem cayenne.
d) Wlać posiekane pomidory i doprawić solą i pieprzem. Gotuj, aż sos zgęstnieje.
e) W sosie robimy małe wgłębienia i wbijamy do nich jajka.
f) Przykryj patelnię i smaż, aż jajka zostaną ugotowane tak, jak lubisz.
g) Udekoruj świeżą natką pietruszki i podawaj z chrupiącym pieczywem.

5. Bajgle jerozolimskie (Ka'Ak Alquds)

SKŁADNIKI:
- 4 szklanki mąki uniwersalnej
- 1 łyżka cukru
- 1 łyżka aktywnych suchych drożdży
- 1 1/2 szklanki ciepłej wody
- 1 łyżeczka soli
- Nasiona sezamu do posypania

INSTRUKCJE:
a) W misce wymieszaj ciepłą wodę, cukier i drożdże. Pozostaw na 5-10 minut, aż zacznie się pienić.
b) W dużej misce wymieszaj mąkę i sól. Dodaj mieszaninę drożdży i ugniataj, aż powstanie gładkie ciasto.
c) Ciasto przykryć i odstawić do wyrośnięcia na 1-2 godziny, aż podwoi swoją objętość.
d) Rozgrzej piekarnik do 400°F (200°C).
e) Ciasto podzielić na mniejsze części i uformować z nich pierścienie.
f) Ułóż krążki na blasze do pieczenia, posmaruj wodą i posyp sezamem.
g) Piec przez 15-20 minut lub do złotego koloru.

6.z jogurtu i daktyli

SKŁADNIKI:
- 1 szklanka pestek daktyli
- 1 szklanka jogurtu
- 1/2 szklanki mleka
- 1 łyżka miodu
- Kostki lodu

INSTRUKCJE:
a) W blenderze połącz pestki, jogurt, mleko i miód.
b) Mieszaj, aż będzie gładka.
c) Dodaj kostki lodu i ponownie zmiksuj, aż smoothie osiągnie pożądaną konsystencję.
d) Rozlać do szklanek i podawać schłodzone.

7.Sardynka i Hash Ziemniaczany

SKŁADNIKI:
- 2 puszki sardynek w oleju, odsączone
- 3 średnie ziemniaki, obrane i pokrojone w kostkę
- 1 cebula, drobno posiekana
- 2 pomidory pokrojone w kostkę
- 2 ząbki czosnku, posiekane
- 1 łyżeczka mielonego kminku
- 1 łyżeczka mielonej kolendry
- Sól i pieprz do smaku
- Oliwa z oliwek do gotowania
- Świeża kolendra do dekoracji

INSTRUKCJE:
a) Na patelni rozgrzej oliwę i podsmaż posiekaną cebulę i czosnek, aż zmiękną.
b) Dodać pokrojone w kostkę ziemniaki i smażyć, aż zaczną się rumienić.
c) Wymieszać z mielonym kminkiem, mieloną kolendrą, solą i pieprzem.
d) Dodać pokrojone w kostkę pomidory i smażyć, aż się rozpadną.
e) Delikatnie włóż sardynki, uważając, aby ich za bardzo nie połamać.
f) Gotuj, aż ziemniaki będą miękkie, a smaki się połączą.
g) Przed podaniem udekoruj świeżą kolendrą.

8.Pełne Medames

SKŁADNIKI:
- 2 szklanki ugotowanej fasoli fava
- 1/4 szklanki oliwy z oliwek
- 1 cebula, drobno posiekana
- 2 ząbki czosnku, posiekane
- 1 pomidor, pokrojony w kostkę
- 1 łyżeczka mielonego kminku
- 1 łyżeczka mielonej kolendry
- Sól i pieprz do smaku
- Świeża natka pietruszki do dekoracji
- Jajka na twardo do podania (opcjonalnie)
- Placek lub pita do podania

INSTRUKCJE:
a) Na patelni rozgrzej oliwę i podsmaż posiekaną cebulę i czosnek, aż zmiękną.
b) Dodać pokrojone w kostkę pomidory i smażyć, aż się rozpadną.
c) Wymieszać z mielonym kminkiem, mieloną kolendrą, solą i pieprzem.
d) Dodaj ugotowaną fasolę fava i gotuj, aż się rozgrzeje.
e) Rozgnieć część ziaren, aby uzyskać kremową konsystencję.
f) Udekoruj świeżą natką pietruszki.
g) Podawaj z jajkami na twardo, jeśli chcesz, z dodatkiem płaskiego chleba lub pity.

9.Maldouf FlatBread

SKŁADNIKI:
- 2 szklanki mąki pełnoziarnistej
- Sól dla smaku
- 1/4 szklanki ghee (masła klarowanego) do płytkiego smażenia
- Woda Do zagniatania ciasta
- 8-14 1/2 szklanki miękkich daktyli
- 1 szklanka wrzącej wody

INSTRUKCJE:
a) Daktyle namoczyć w 1 szklance wrzącej wody na 2-3 godziny lub do momentu, aż zmiękną.
b) Zmiękczone daktyle przetrzyj na puree za pomocą sitka lub drobnej siatki. Do zmiksowania możesz potrzebować blendera, jeśli nie jest on zbyt miękki.
c) Wymieszaj puree daktylowe z solą, 1 łyżką ghee i mąką i wyrób miękkie ciasto.
d) Ciasto odstawiamy na minimum 20 minut.
e) Ciasto podzielić na kulki równe lub wielkości cytryny.
f) Rozwałkuj każdy, aby uformować płaski chleb/paratha/okrągły krążek/lub kształt, który lubisz, o długości 5-6 cali.
g) Płytkie smażymy każdą porcję na ghee, aż będzie ugotowana z obu stron. Ponieważ ciasto zawiera daktyle, zostanie upieczone bardzo szybko.

10. Shakshuka

SKŁADNIKI:
- 2 łyżki oliwy z oliwek
- 1 cebula, drobno posiekana
- 2 papryki, pokrojone w kostkę
- 3 ząbki czosnku, posiekane
- 1 puszka (28 uncji) pokruszonych pomidorów
- 1 łyżeczka mielonego kminku
- 1 łyżeczka mielonej papryki
- Sól i pieprz do smaku
- 4-6 jaj
- Świeża natka pietruszki do dekoracji

INSTRUKCJE:
a) Na dużej patelni rozgrzej oliwę z oliwek na średnim ogniu.
b) Smaż cebulę i paprykę, aż zmiękną.
c) Dodać posiekany czosnek i smażyć kolejną minutę.
d) Dodajemy pokruszone pomidory, doprawiamy kminkiem, papryką, solą i pieprzem. Gotować około 10-15 minut, aż sos zgęstnieje.
e) W sosie zrób małe wgłębienia i wbij do nich jajka.
f) Przykryj patelnię i smaż, aż jajka zostaną ugotowane tak, jak lubisz.
g) Udekorować świeżą natką pietruszki i podawać z pieczywem.

11. Manoushe (podpłomyk syryjski z za'atarem)

SKŁADNIKI:
- Ciasto na pizzę lub ciasto na chleb płaski
- Mieszanka przypraw Za'atar
- Oliwa z oliwek
- Opcjonalnie: labneh lub jogurt do maczania

INSTRUKCJE:
a) Rozwałkuj ciasto na pizzę lub placek na cienki okrągły kształt.
b) Na cieście rozsmaruj dużą ilość oliwy z oliwek.
c) Ciasto równomiernie posypać mieszanką przyprawy Za'atar.
d) Piec w piekarniku, aż brzegi będą złociste i chrupiące.
e) Opcjonalnie: Podawać z labneh lub jogurtem do maczania.

12. Chleb Ka'ak

SKŁADNIKI:
- 4 szklanki mąki uniwersalnej
- 1 łyżka cukru
- 1 łyżeczka soli
- 1 łyżka aktywnych suchych drożdży
- 1 1/2 szklanki ciepłej wody
- Nasiona sezamu do posypania

INSTRUKCJE:
a) W dużej misce wymieszaj mąkę, cukier i sól.
b) W osobnej misce rozpuść drożdże w ciepłej wodzie i odstaw na 5 minut, aż zaczną się pienić.
c) Dodaj mieszaninę drożdży do mieszanki mąki i ugniataj, aż uzyskasz gładkie ciasto.
d) Ciasto podzielić na małe kulki i z każdej uformować okrągły lub owalny chleb.
e) Uformowany chleb ułóż na blasze do pieczenia, posmaruj wodą i posyp sezamem.
f) Piec w piekarniku nagrzanym do temperatury 190°C (375°F) na złoty kolor.

13. Fatteh (zapiekanka śniadaniowa syryjska)

SKŁADNIKI:
- 2 szklanki ugotowanej ciecierzycy
- 2 szklanki jogurtu naturalnego
- 2 ząbki czosnku, posiekane
- 1 szklanka podpieczonych kawałków płaskiego chleba (pita lub chleb libański)
- 1/4 szklanki orzeszków piniowych, prażonych
- 2 łyżki klarowanego masła (ghee)
- Mielony kminek do smaku
- Sól i pieprz do smaku

INSTRUKCJE:
a) W naczyniu do serwowania ułóż podpieczone kawałki chleba.
b) W misce wymieszaj jogurt z przeciśniętym przez praskę czosnkiem, solą i pieprzem. Rozłóż go na chlebie.
c) Posyp gotowaną ciecierzycą.
d) Skropić klarowanym masłem i posypać prażonymi orzeszkami piniowymi i mielonym kminkiem.
e) Podawać na ciepło jako pożywną i aromatyczną zapiekankę śniadaniową.

14.Syryjski Flatb przeczytany

SKŁADNIKI:
- 1 11/16 szklanki wody
- 2 łyżki oleju roślinnego
- ½ łyżeczki cukru białego
- 1 ½ łyżeczki soli
- 3 szklanki mąki uniwersalnej
- 1 ½ łyżeczki aktywnych suchych drożdży

INSTRUKCJE:
a) Składniki umieszczać w misce automatu do pieczenia chleba w kolejności zalecanej przez producenta.
b) Wybierz cykl ciasta w maszynie do pieczenia chleba i naciśnij Start.
c) Kiedy cykl ciasta jest już prawie ukończony, rozgrzej piekarnik do 245 stopni C (475 stopni F).
d) Wyrośnięte ciasto wyłóż na lekko posypaną mąką powierzchnię.
e) Ciasto podzielić na osiem równych części i uformować z nich krążki.
f) Przykryj krążki wilgotną ściereczką i daj im odpocząć.
g) Rozwałkuj każde ciasto na cienki płaski okrąg o średnicy około 8 cali.
h) Gotuj po dwie rundy na raz na rozgrzanych blachach do pieczenia lub kamieniu do pieczenia, aż napęcznieją i staną się złotobrązowe, około 5 minut.
i) Powtórzyć proces dla pozostałych bochenków.
j) Podawaj ciepły chleb syryjski i ciesz się jego wszechstronnością podczas lunchu lub kolacji.

15.Tosty Labneh i Za'atar

SKŁADNIKI:
- Labneh (przecedzony jogurt)
- Mieszanka przypraw Za'atar
- Oliwa z oliwek
- Chleb Pita lub Chleb Chrupiący

INSTRUKCJE:
a) Rozsmaruj dużą ilość labneh na tostowym chlebie pita lub ulubionym chrupiącym pieczywie.
b) Posypać mieszanką przypraw za'atar.
c) Skropić oliwą z oliwek.
d) Podawać jako kanapkę z otwartą twarzą lub pokroić na mniejsze kawałki.

PRZEKĄSKI I PRZYSTAWKI

16. Chipsy Khubz (podpłomyki).

SKŁADNIKI:
- 4 podpłomyki (Chubz)
- 2 łyżki oliwy z oliwek
- 1 łyżeczka mielonego kminku
- 1 łyżeczka papryki
- Sól dla smaku

INSTRUKCJE:
a) Rozgrzej piekarnik do 350°F (180°C).
b) Podpłomyki posmaruj oliwą z oliwek i posyp kminkiem, papryką i solą.
c) Placki kroimy w trójkąty lub paski.
d) Piec w piekarniku przez 10-12 minut lub do momentu, aż będą chrupiące.
e) Ostudzić przed podaniem.

17. Daktyle Z Migdałami

SKŁADNIKI:
- Świeże daty
- Migdały całe lub połówki

INSTRUKCJE:

a) Daktyle wydrążyć, robiąc małe nacięcie i usuwając pestkę.

b) Włóż cały lub połówkę migdała do wnęki pozostawionej przez nasionko.

18.Falafel

SKŁADNIKI:
- 2 szklanki namoczonej i odsączonej ciecierzycy
- 1 mała cebula, posiekana
- 3 ząbki czosnku, posiekane
- 1/4 szklanki posiekanej świeżej pietruszki
- 1 łyżeczka mielonego kminku
- 1 łyżeczka mielonej kolendry
- Sól i pieprz do smaku
- olej do smażenia

INSTRUKCJE:
a) W robocie kuchennym zmiksuj ciecierzycę, cebulę, czosnek, pietruszkę, kminek, kolendrę, sól i pieprz, aż powstanie gruba mieszanina.
b) Z powstałej mieszanki uformuj małe kulki lub kotlety.
c) Na patelni rozgrzej olej i smaż z obu stron na złoty kolor.
d) Odsączyć na ręcznikach papierowych.
e) Podawać na gorąco z sosem tahini lub jogurtem.

19. Szpinak Fatayer

SKŁADNIKI:
- 2 szklanki posiekanego szpinaku
- 1 mała cebula, drobno posiekana
- 1/4 szklanki orzeszków piniowych
- 1 łyżka oliwy z oliwek
- 1 łyżeczka mielonego sumaku
- Sól i pieprz do smaku
- Ciasto na pizzę lub gotowe arkusze ciasta

INSTRUKCJE:
a) Cebulę podsmaż na oliwie z oliwek, aż będzie przezroczysta.
b) Dodać posiekany szpinak i smażyć, aż zwiędnie.
c) Wymieszaj orzeszki piniowe, zmielony sumak, sól i pieprz.
d) Ciasto na pizzę lub arkusze ciasta rozwałkowujemy i wycinamy koła.
e) Na każde kółko nałóż łyżkę mieszanki szpinakowej, złóż na pół i sklej krawędzie.
f) Piec na złoty kolor.
g) Podawać na ciepło.

20. Faszerowana cebula

SKŁADNIKI:
- 4 duże cebule (łącznie 900 g, po obraniu) około 1⅔ szklanki / 400 ml bulionu warzywnego
- 1 ½ łyżki melasy z granatów
- sól i świeżo zmielony czarny pieprz
- NADZIEWANIE
- 1 ½ łyżki oliwy z oliwek
- 1 szklanka / 150 g drobno posiekanej szalotki
- ½ szklanki / 100 g ryżu krótkoziarnistego
- ¼ szklanki / 35 g orzeszków piniowych, zmiażdżonych
- 2 łyżki posiekanej świeżej mięty
- 2 łyżki posiekanej natki pietruszki płaskolistnej
- 2 łyżeczki suszonej mięty
- 1 łyżeczka mielonego kminku
- ⅛ łyżeczki mielonych goździków
- ¼ łyżeczki zmielonego ziela angielskiego
- ¾ łyżeczki soli
- ½ łyżeczki świeżo zmielonego czarnego pieprzu
- 4 ćwiartki cytryny (opcjonalnie)

INSTRUKCJE:

a) Obierz i odetnij około 0,5 cm wierzchołka i ogona cebuli, umieść pokrojone cebule w dużym rondlu z dużą ilością wody, zagotuj i gotuj przez 15 minut. Odcedzić i odstawić do ostygnięcia.

b) Aby przygotować farsz, rozgrzej oliwę z oliwek na średniej patelni na średnim ogniu i dodaj szalotkę. Smażyć przez 8 minut, często mieszając, następnie dodać wszystkie pozostałe składniki oprócz ćwiartek cytryny. Zmniejsz ogień do małego i kontynuuj gotowanie i mieszanie przez 10 minut.

c) Małym nożem wykonaj długie nacięcie od góry cebuli do dołu, aż do jej środka, tak aby każda warstwa cebuli miała tylko jedno nacięcie. Zacznij delikatnie oddzielać warstwy cebuli, jedna po drugiej, aż dotrzesz do rdzenia. Nie martw się, jeśli któraś z warstw lekko przebije się przez peeling; nadal możesz z nich korzystać.

d) Trzymaj warstwę cebuli w jednej złożonej dłoni i włóż około 1 łyżkę stołową mieszanki ryżowej do połowy cebuli, umieszczając nadzienie blisko jednego końca otworu. Nie ulegaj pokusie, aby wypełnić go bardziej, ponieważ musi być ładnie i ciasno zapakowany. Złóż pustą stronę cebuli na stronę nadziewaną i zwiń ją ciasno, tak aby ryż był pokryty kilkoma warstwami cebuli bez powietrza w środku.

e) Umieścić na średniej patelni z pokrywką, łączeniem do dołu i kontynuować z pozostałą mieszanką cebuli i ryżu. Cebule układamy na patelni obok siebie, tak aby nie było miejsca na poruszanie się. Wypełnij puste przestrzenie kawałkami cebuli, które nie zostały nadziewane. Dodaj wystarczającą ilość bulionu, aby cebula była przykryta w trzech czwartych, wraz z melasą z granatów i dopraw ¼ łyżeczki soli.

f) Przykryj patelnię i gotuj na najniższym możliwym ogniu przez 1,5 do 2 godzin, aż płyn odparuje. Podawać na ciepło lub w temperaturze pokojowej, z cząstkami cytryny, jeśli lubisz.

21. Latkesa

SKŁADNIKI:
- 5½ szklanki / 600 g obranych i startych dość woskowych ziemniaków, takich jak Yukon Gold
- 2¾ szklanki / 300 g obranego i startego pasternaku
- ⅔ szklanki / 30 g szczypiorku, drobno posiekanego
- 4 białka jaj
- 2 łyżki skrobi kukurydzianej
- 5 łyżek / 80 g niesolonego masła
- 6½ łyżki / 100 ml oleju słonecznikowego
- sól i świeżo zmielony czarny pieprz
- śmietana, do podania

INSTRUKCJE:
a) Opłucz ziemniaka w dużej misce z zimną wodą. Odcedzić na durszlaku, odcisnąć nadmiar wody, a następnie rozłożyć ziemniaka na czystym ręczniku kuchennym do całkowitego wyschnięcia.
b) W dużej misce wymieszaj ziemniaki, pasternak, szczypiorek, białka jaj, skrobię kukurydzianą, 1 łyżeczkę soli i dużą ilość czarnego pieprzu.
c) Rozgrzej połowę masła i połowę oleju na dużej patelni na średnim ogniu. Używaj rąk, aby wybrać porcje z około 2 łyżek mieszanki latke, mocno ściśnij, aby usunąć część płynu i uformuj cienkie kotleciki o grubości około 3/8 cala / 1 cm i średnicy 3 ¼ cala / 8 cm.
d) Ostrożnie umieść na patelni tyle latków, ile możesz wygodnie zmieścić, delikatnie je dociśnij i wypoziomuj grzbietem łyżki. Smażymy na średnim ogniu po 3 minuty z każdej strony. Latki muszą być całkowicie brązowe z zewnątrz. Usmażone latkes wyjmij z oleju, połóż na ręcznikach papierowych i trzymaj w cieple podczas smażenia reszty.
e) W razie potrzeby dodać pozostałe masło i olej. Podawać od razu ze śmietaną.

22. Talerz z różnymi daktylami

SKŁADNIKI:
- 4-5 filiżanek bez pestek daktyli lub dowolnej odmiany
- 1/2 szklanki prażonych nasion słonecznika
- 1/2 szklanki prażonych nasion dyni
- 1/2 szklanki prażonych nasion białego sezamu
- 1/2 szklanki prażonych nasion czarnego sezamu
- 1/2 szklanki prażonych orzeszków ziemnych

INSTRUKCJE:
a) Umyj i osusz wszystkie daktyle. Upewnij się, że są suche i wolne od wilgoci.
b) W środku każdej daty zrób nacięcie i usuń nasiona. Wyrzuć nasiona.
c) Wypełnij środek każdego daktylu prażonymi pestkami słonecznika, pestkami dyni, białym i czarnym sezamem oraz orzeszkami ziemnymi.
d) Ułóż nadziewane daktyle na dużym talerzu, tak aby były łatwo dostępne i atrakcyjne wizualnie.
e) Przechowuj różne daktyle w hermetycznych pojemnikach w lodówce.

23. Faul

SKŁADNIKI:
- 2 puszki fasoli fava, odsączone i opłukane
- 2 ząbki czosnku, posiekane
- 1/4 szklanki oliwy z oliwek
- Sok z 1 cytryny
- Sól i pieprz do smaku
- Posiekana natka pietruszki do dekoracji
- chleb (Rukhal) do podania

INSTRUKCJE:
a) Na patelni podsmaż na oliwie posiekany czosnek, aż zacznie pachnieć.
b) Dodaj fasolę fava i gotuj, aż się rozgrzeje.
c) Fasolę lekko rozgnieść widelcem.
d) Doprawić sokiem z cytryny, solą i pieprzem.
e) Udekoruj posiekaną natką pietruszki.
f) Podawać z pieczywem.

24.Samosa

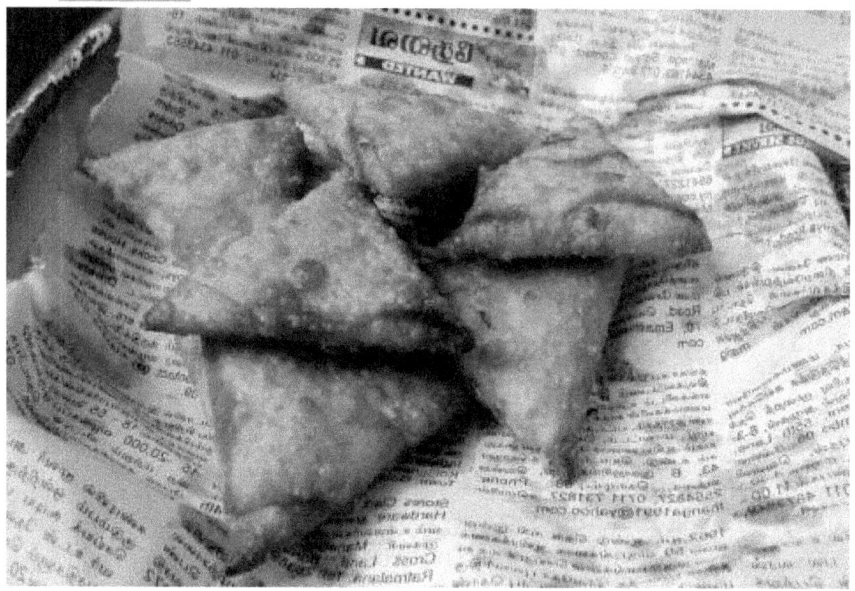

SKŁADNIKI:
NA CIASTO SAMOSA:
- 2 szklanki mąki uniwersalnej (maida) (260 gramów)
- 1 łyżeczka ajwainu (nasion karambu)
- 1/4 łyżeczki soli
- 4 łyżki + 1 łyżeczka oleju (60 ml + 5 ml)
- Woda do zagięcia ciasta (około 6 łyżek)

DO WYPEŁNIENIA SAMOSA:
- 3-4 średnie ziemniaki (500-550 gramów)
- 2 łyżki oleju
- 1 łyżeczka nasion kminku
- 1 łyżeczka nasion kopru włoskiego
- 2 łyżeczki zmielonych nasion kolendry
- 1 łyżeczka drobno posiekanego imbiru
- 1 zielone chili, posiekane
- 1/4 łyżeczki hing (asafetyda)
- 1/2 szklanki + 2 łyżki zielonego groszku (namoczonego w ciepłej wodzie, jeśli używasz mrożonego)
- 1 łyżeczka mielonej kolendry
- 1/2 łyżeczki garam masali
- 1/2 łyżeczki amchuru (suszonego proszku z mango)
- 1/4 łyżeczki czerwonego chili w proszku (lub do smaku)
- 3/4 łyżeczki soli (lub do smaku)
- Olej do głębokiego smażenia

INSTRUKCJE:
PRZYGOTOWAĆ CIASTO SAMOSA:
a) W dużej misce wymieszaj uniwersalną mąkę, ajwain i sól.
b) Dodajemy olej i nacieramy mąkę olejem, aż będzie przypominać okruszki. Powinno to zająć 3-4 minuty.
c) Stopniowo dodawaj wodę, wyrabiaj sztywne ciasto. Nie przepracuj ciasta; powinno się po prostu połączyć.
d) Ciasto przykryj wilgotną ściereczką i odstaw na 40 minut.

PRZYGOTUJ NADZIENIE ZIEMNIACZANE:
e) Gotuj ziemniaki, aż będą gotowe (8-9 gwizdków, jeśli używasz szybkowaru z płytą kuchenną lub 12 minut pod wysokim ciśnieniem w garnku błyskawicznym).
f) Obierz i rozgnieć ziemniaki.
g) Na patelni rozgrzej olej, dodaj nasiona kminku, nasiona kopru włoskiego i pokruszone nasiona kolendry. Smażyć, aż będzie aromatyczne.
h) Dodaj posiekany imbir, zielone chili, hing , gotowane i puree ziemniaczane oraz zielony groszek. Dobrze wymieszaj.
i) Dodaj kolendrę w proszku, garam masala, amchur , czerwone chili w proszku i sól. Mieszaj, aż dobrze się połączy. Zdjąć z ognia i pozostawić nadzienie do ostygnięcia.

Ukształtuj i usmaż samosę:
j) Gdy ciasto odpocznie, podziel je na 7 równych części.
k) Każdą część rozwałkuj na okrąg o średnicy 6–7 cali i pokrój na dwie części.
l) Weź jedną część, nałóż wodę na prostą krawędź i uformuj stożek. Napełnij 1-2 łyżkami nadzienia ziemniaczanego.
m) Uszczelnij samosę, ściskając krawędzie. Powtórzyć dla pozostałego ciasta.
n) Rozgrzej olej na małym ogniu. Smaż samosy na małym ogniu, aż będą twarde i jasnobrązowe (10-12 minut). Zwiększ ogień do średniego i smaż na złoty kolor.
o) Smaż 4-5 samos na raz, a każda porcja zajmie około 20 minut na małym ogniu.

25. Muhammara (syryjski dip z ostrej papryki)

SKŁADNIKI:
- 2 słodkie papryki, pozbawione nasion i pokrojone na ćwiartki
- 3 kromki chleba pełnoziarnistego, bez skórki
- ¾ szklanki prażonych orzechów włoskich, posiekanych
- 2 łyżki soku z cytryny
- 2 łyżki pieprzu Aleppo
- 2 łyżeczki melasy z granatów
- 1 ząbek czosnku, posiekany
- 1 łyżeczka nasion kminku, grubo zmielonych
- Sól dla smaku
- ½ szklanki oliwy z oliwek
- 1 szczypta proszku sumaku

INSTRUKCJE:

a) Ustaw stojak piekarnika około 6 cali od źródła ciepła i rozgrzej brojler w piekarniku.
b) Blachę do pieczenia wyłóż folią aluminiową.
c) Na przygotowaną blachę do pieczenia ułóż paprykę przeciętą stroną do dołu.
d) Piecz pod rozgrzanym brojlerem, aż skórka papryki poczernieje i pojawią się pęcherze, około 5 do 8 minut.
e) Podpiecz kromki chleba w tosterze i pozostaw do ostygnięcia.
f) Umieść tost w zamykanej plastikowej torbie, wyciśnij powietrze, zamknij torebkę i rozgnieć wałkiem do ciasta, aby powstały okruchy.
g) Przenieś pieczoną paprykę do miski i szczelnie zamknij plastikową folią.
h) Odstawić, aż skórka papryki będzie luźna, około 15 minut.
i) Usuń i wyrzuć skórki.
j) Obraną paprykę rozgnieć widelcem.
k) W robocie kuchennym wymieszaj puree paprykowe, bułkę tartą, prażone orzechy włoskie, sok z cytryny, pieprz Aleppo, melasę z granatów, czosnek, kminek i sól.
l) Kilka razy potrząśnij miksturą, aby ją wymieszać, a następnie uruchom ją na najniższym ustawieniu.
m) Powoli wlewaj oliwę z oliwek do mieszanki pieprzu, mieszając, aż do całkowitego połączenia.
n) Przełóż mieszankę muhammary do naczynia, w którym będziesz podawać.
o) Przed podaniem posyp miksturę sumakiem.

26. Baba Ghanoush

SKŁADNIKI:
- 4 duże włoskie bakłażany
- 2 ząbki zmiażdżonego czosnku
- 2 łyżeczki soli koszernej lub do smaku
- 1 cytryna, wyciśnięta sok lub więcej do smaku
- 3 łyżki tahini lub więcej do smaku
- 3 łyżki oliwy z oliwek extra virgin
- 2 łyżki zwykłego jogurtu greckiego
- 1 szczypta pieprzu cayenne lub do smaku
- 1 liść świeżej mięty, posiekany (opcjonalnie)
- 2 łyżki posiekanej świeżej włoskiej pietruszki

INSTRUKCJE:
a) Rozgrzej grill zewnętrzny na średnim ogniu i lekko naoliwij ruszt.
b) Nakłuj powierzchnię skórki bakłażana kilka razy czubkiem noża.
c) Połóż bakłażany bezpośrednio na grillu. Podczas zwęglenia skóry często obracaj szczypcami.
d) Gotuj, aż bakłażany opadną i będą bardzo miękkie, około 25 do 30 minut.
e) Przełożyć do miski, szczelnie przykryć folią aluminiową i odstawić do ostygnięcia na około 15 minut.
f) Gdy bakłażany ostygną, przekrój je na pół i zeskrob miąższ na durszlak umieszczony nad miską.
g) Odcedzić przez 5 lub 10 minut.
h) Przełożyć bakłażana do miski miksującej, dodać zmiażdżony czosnek i sól.
i) Zacieraj, aż masa będzie kremowa, ale o lekkiej konsystencji, około 5 minut.
j) Wymieszaj sok z cytryny, tahini, oliwę z oliwek i pieprz cayenne.
k) Wymieszaj jogurt.
l) Przykryj miskę folią i przechowuj w lodówce aż do całkowitego ochłodzenia, około 3 lub 4 godzin.
m) Smakuj, aby dostosować przyprawy.
n) Przed podaniem wymieszaj z posiekaną miętą i posiekaną natką pietruszki.

DANIE GŁÓWNE

27. Jedra (soczewica i ryż)

SKŁADNIKI:
- 1 szklanka soczewicy, opłukanej
- 1 szklanka ryżu
- 1 duża cebula, drobno posiekana
- 1/4 szklanki oliwy z oliwek
- Mielony kminek, kolendra, sól i pieprz do smaku

INSTRUKCJE:
a) Na oliwie podsmaż posiekaną cebulę na złoty kolor.
b) Dodać soczewicę, ryż, przyprawy i wodę. Gotuj, aż ryż i soczewica będą miękkie.
c) Przed podaniem rozgnieść widelcem.

28.Nadziewany Kurczak (Djaj Mahshi)

SKŁADNIKI:
DO KURCZAKA DO MARYNOWANIA:
- 1300 gramów kurczaka, dużego
- 2 cytryny
- 2 łyżeczki soli
- 1 łyżeczka drobnego kminku
- 1 łyżeczka mielonego czarnego pieprzu

DO GOTOWANIA KURCZAKA:
- 2 szklanki wody
- 1 średnia cebula, pokrojona na małe kawałki
- 4 kardamon
- 3 liście laurowe

DO NADZIEWANIA:
- 3/4 szklanki ryżu egipskiego (małego), umytego i namoczonego w zimnej wodzie
- 30 minut i dobrze odsączone
- 1 łyżka oleju roślinnego
- 1 łyżka margaryny
- 2 łyżki orzeszków piniowych lub dowolnych orzechów
- 150 g mięsa mielonego bez tłuszczu (opcjonalnie)
- 1 mała cebula, pokrojona na małe kawałki
- 3/4 szklanki gorącej wody
- 1 łyżeczka słodkiej papryki
- 1 łyżeczka soli
- 1 łyżeczka mielonego czarnego pieprzu
- 1/2 łyżeczki drobnego cynamonu
- 1 łyżka oleju roślinnego do piekarnika
- 1 łyżka sosu pomidorowego do piekarnika

INSTRUKCJE:
a) Dokładnie sprawdzamy kurczaka nożem, aż usuniemy pozostałe pióra. Następnie natrzyj kurczaka dokładnie cytryną wewnątrz i na zewnątrz, następnie natrzyj mieszanką soli, czarnego pieprzu i kminku i pozostaw w lodówce na dwie godziny, aż marynata się wchłonie.
b) Aby przygotować farsz, na patelnię wlewamy olej i margarynę, następnie lekko podsmażamy orzeszki piniowe, następnie dodajemy cebulę i mieszamy aż cebula zwiędnie, dodajemy mięso mielone i mieszamy aż woda z mięsa odparuje.
c) Dodać 3/4 szklanki gorącej wody i wymieszać, następnie dodać ryż i mieszać przez 5 minut, dodać sól, słodką paprykę, pieprz czarny i cynamon, wymieszać, następnie zmniejszyć ogień, aż ryż będzie w połowie ugotowany, wyjąć go z garnka podpalić i pozostawić do ostygnięcia.
d) Zaczynamy nadziewać kurczaka od szyi, potem od środka, nadziewać pod skrzydełkami i zamykać wolne miejsca nitką (uważać, aby nie wypełnić kurczaka do końca, bo wtedy objętość ryżu wzrośnie).
e) W szerokim rondlu połóż kurczaka na grzbiecie, zalej taką ilością wody, aby przykrył go kardamon, posiekana cebula i gotuj na małym ogniu, aż kurczak zacznie dojrzewać.
f) Wyjmujemy kurczaka z garnka i smarujemy go od zewnątrz pędzelkiem mieszaniną sosu i oleju. Włóż do worka grillowego z 4 łyżkami bulionu, następnie dobrze zamknij torebkę, a następnie zrób od góry szpilką mały otwór, aby nie wybrzuszył się zbytnio wewnątrz piekarnika. Następnie wkładamy torebkę do blaszki piekarnika.
g) Pieczony nadziewany kurczak po palestyńsku wchodzi do piekarnika na grillu aż do całkowitego zarumienienia, w trakcie smażenia przewracając torebkę, następnie wyjmuje się z piekarnika, układa na talerzu i podaje.

29.Grillowany Kurczak (Djaj Harari)

SKŁADNIKI:
KURCZAK
- Torba na grilla
- Woda 1 szklanka
- 1 duży ziemniak, pokrojony w kwadraty
- Marchew lub dwie posiekane marchewki

NADZIEWANIE:
- czosnek 1 główka
- 1 cebula
- Pomidor
- sok cytrynowy
- mała łyżeczka octu
- mała filiżanka oliwy z oliwek
- Dwie łyżki koncentratu pomidorowego
- Sól (według uznania)
- łyżka sosu sojowego

INSTRUKCJE:
a) Do miksera włóż składniki farszu, następnie przynieś kurczaka i
b) zrób dziury w kurczaku, dopraw go i marynuj przez cztery godziny lub całą noc.
c) Warzywa, które chcemy ułożyć z kurczakiem, posolić, doprawić i włożyć do worka z kurczakiem.
d) Zamknij torebkę od góry, włóż do tacy, wlej szklankę wody do tacy i przekłuj torebkę nożem dwa małe otwory, aby wypuścić powietrze.
e) Wstawić do piekarnika nagrzanego od godziny do godziny i kwadransa w temperaturze 180 stopni, a do blachy można dodać wodę, jeśli wyschnie zanim będzie gotowe.
f) Wyjmujemy z torebki i podajemy z jogurtem i piklami, zdrowe i gotowe.

30.Ślaz (Khuzaibah)

SKŁADNIKI:
- Jedna lub dwie pęczki świeżych liści malwy (sernik)
- 1 cebula
- Oliwa z oliwek
- Mąka pszenna lub zwykła mąka, sól
- czarny pieprz
- Ostry sos
- Drobno posiekana czerwona papryka
- gotująca się woda

INSTRUKCJE:
a) Ostrożnie zbieraj liście, usuwając wszelkie łodygi.
b) Zagotować wodę. Podczas gotowania wrzuć liście malwy do wody. Mieszaj, aż będą płaskie.
c) Następny krok wymaga kosiarki lub mieszadła, czyli drewnianego kija z kilkoma otworami. Z otworów wystają małe drewniane patyczki. Za pomocą tego narzędzia wymieszaj liście malwy. Trzepaczka do jajek Ann może służyć do tego samego celu, ale można też zrezygnować z mieszadła lub trzepaczki i po prostu użyć drewnianej łyżki
d) Gdy ślaz się rozpuści i odpadną jego liście, do mąki wlewamy odrobinę wody i mieszamy, aż utworzą się małe grudki ciasta.
e) Połóż na ugotowanym khubaizeh, dopraw solą i czarnym pieprzem; dodać posiekaną czerwoną paprykę i łyżkę czerwonego sosu chili.
f) Pozostawić na małym ogniu, aż ciasto całkowicie dojrzeje.
g) Cebulę pokroić w drobną kostkę i podsmażyć na oliwie, aż zrobi się lekko czerwona, następnie dodać mieszankę cebuli i oleju do khubaizah i chwilę podgotować.
h) Podawane na gorąco ze świeżym pieczywem, cytryną, ostrym sosem i piklami. Można je również podawać w formie Fattah (posiekany chleb z gotowaną zupą malwową).

31. Nadziewana Cukinia (Mahshi Kpusa)

SKŁADNIKI:
- 1 funt mielonej jagnięciny, wołowiny lub drobiu karmionej trawą
- 2,5 szklanki płukanego białego ryżu krótkoziarnistego (patrz uwaga)
- 1 łyżeczka cynamonu
- 1 łyżeczka mielonego ziela angielskiego
- 1/4 łyżeczki gałki muszkatołowej
- 1/4 łyżeczki mielonego kardamonu
- Sól i czarny pieprz do smaku
- 4 łyżki oliwy z oliwek (podzielone)

WARZYWA
- 12-14 (około 4 funtów) małych cukinii, o długości około 5-6 cali i 1
- do 2 cali średnicy
- Sól i pieprz do smaku

SOS
- 2 szklanki bulionu z kurczaka Ja używam tylko wody, jest w porządku (wystarczy, aby zanurzyć warzywa)
- 28 uncji zmiażdżonych pomidorów
- 1 łyżka pasty pomidorowej
- 4 funty świeżych pomidorów.
- 3 ząbki czosnku
- Liść laurowy

INSTRUKCJE:

a) Najpierw chcesz wydrążyć cukinię. Wydrążki do cukinii można łatwo znaleźć w Internecie oraz w większości sklepów spożywczych na Bliskim Wschodzie.

b) Jest to świetna technika do nauki i ćwiczenia, ponieważ jest stosowana w wielu nadziewanych warzywach. Nie czuj się źle, jeśli złamiesz kilka. To wymaga praktyki. Najpierw odetnij łodygi. Aby ułatwić tę pracę, potrzebujesz specjalnego narzędzia, takiego jak wydrążacz do jabłek. Po prostu wydrąż je, jak rzeźbienie dyni, aż ściany będą miały grubość około 1/8 cala i dotrzesz do dna. Wykonasz ten krok kilka razy, aż cukinię zeskrobysz i poświęcisz, tworząc wystarczająco dużo miejsca na nadzienie. Uważaj, aby, jeśli to możliwe, nie zrobić w nich dziury. Jeśli masz wydrążacz do jabłek, użyj go. Nie wyrzucaj miąższu. Można go łatwo ugotować

samodzielnie z przyprawami lub z jajkami i zjeść ze świeżym pieczywem.
c) Przepłucz ryż kilka razy w zimnej wodzie, aż woda będzie czysta. Dzięki temu pozbędziesz się części skrobi z ryżu, tworząc puszyste nadzienie.
d) Smażenie mięsa: (opcjonalnie) lub możesz po prostu dodać surowe mięso do opłukanego ryżu.
e) Na patelni o grubym dnie rozgrzej olej, dodaj mięso i przyprawy. Smażyć, aż lekko się zarumieni i rozpadnie. Mięsa nie trzeba gotować do końca, gdyż dogotuje się ono w sosie.
f) Wyjmij ładną, głęboką miskę i wymieszaj wszystkie składniki farszu, aż zostaną dobrze wymieszane. (lub możesz użyć do tego moich rąk.)
g) Delikatnie nadziewaj cukinię powstałą mieszanką, używając palców. Nie przepełniaj ich! Napełnij farszem tylko około ¾ kousa, nie pakuj go do środka. Zostaw miejsce, aby ryż powiększył się podczas gotowania.
h) W dużym garnku o grubym dnie dodaj dodatkowe 2 łyżki oliwy z oliwek i podsmaż miąższ cukinii (wnętrze cukinii) z ząbkami czosnku. Składniki sosu połączyć i doprowadzić do wrzenia, cały czas mieszając. Następnie zmniejsz ogień i gotuj przez kilka minut, aby smaki się połączyły. Smak dla przypraw. Bardzo ostrożnie włóż nadziewaną cukinię do bulionu i gotuj na wolnym ogniu (upewnij się, że bulion przykrywa cukinię) przez 50-60 minut, aż ryż się ugotuje, a cukinia będzie miękka.
i) Podczas gotowania sprawdzaj od czasu do czasu i jeśli sos potrzebuje więcej bulionu lub wody, dodaj go. Podawać w głębokich miskach, z sosem pomidorowym na wierzchu. Sahatain ! Co po arabsku oznacza „bon appétit", co dosłownie oznacza „Dwa zdrowie dla ciebie".

32. Faszerowana Kapusta (Mahshi Malfouf)

SKŁADNIKI:
- 1 duża główka kapusty szerokolistnej
- 2 Całe główki czosnku
- 2 funty kotletów jagnięcych lub jagnięciny z kością na dno garnka
- Do podania sok z cytryny i plasterki cytryny.
- 3 szklanki ryżu krótkoziarnistego, ugotowanego
- 4 ząbki zmiażdżonego czosnku
- Sól i pieprz
- 2 łyżeczki mielonego ziela angielskiego
- 1 łyżeczka kminku
- 1/2 łyżeczki cynamonu
- 1/4 łyżeczki gałki muszkatołowej
- 2 łyżki oliwy z oliwek
- 1 funt mięsa mielonego (jagnięcina, wołowina, mielony kurczak lub indyk (najlepiej ciemne mięso, nie pierś).

INSTRUKCJE:
a) Usuń rdzeń z kapusty.
b) Całą główkę kapusty gotujemy w dużym garnku, aż liście będą miękkie i giętkie.
c) Ostrożnie odrywaj liście, jeden po drugim.
d) W misce wymieszaj ryż, mięso mielone, rozgnieciony czosnek, sól, pieprz, zmielone ziele angielskie, kminek, cynamon, gałkę muszkatołową i oliwę z oliwek.
e) Dokładnie wymieszaj składniki.
f) Na każdy liść kapusty nałóż łyżkę farszu.
g) Złóż boki liścia kapusty na nadzienie i zwiń je ciasno, tworząc faszerowaną kapustę.
h) Dno dużego garnka wyłóż kotletami jagnięcymi lub jagnięciną z kością.
i) Na wierzchu jagnięciny ułóż faszerowane gołąbki, tworząc warstwy.
j) Lekko ściśnij główki czosnku, aby uwolniły smak i umieść je między gołąbkami.
k) Dodaj tyle wody, aby przykryła gołąbki.
l) Gotuj na małym ogniu, aż ryż ugotuje się, a smaki się połączą.
m) Po ugotowaniu podawaj gołąbki z plasterkami cytryny i skropioną sokiem z cytryny.

33. Qalayet Banadora (gulasz pomidorowy)

SKŁADNIKI:
- 4 duże pomidory pokrojone w kostkę
- 1 cebula, drobno posiekana
- 3 ząbki czosnku, posiekane
- 2 łyżki oliwy z oliwek
- 1 łyżeczka mielonej kolendry
- 1 łyżeczka mielonego kminku
- Sól i pieprz do smaku
- Świeża natka pietruszki do dekoracji

INSTRUKCJE:
a) Na patelni na oliwie podsmaż posiekaną cebulę i posiekany czosnek, aż zmiękną.
b) Na patelnię wrzucamy pokrojone w kostkę pomidory i smażymy, aż puszczą sok.
c) Doprawić mieloną kolendrą, kminkiem, solą i pieprzem. Dobrze wymieszać.
d) Dusić gulasz, aż pomidory całkowicie się rozgotują, a sos zgęstnieje.
e) Przed podaniem udekoruj świeżą natką pietruszki.

34. Marynowane Zielone Oliwki

SKŁADNIKI:

- 2 szklanki zielonych oliwek
- 1 szklanka wody
- 1 szklanka białego octu
- 1 łyżka soli
- 2 ząbki czosnku, zmiażdżone
- 1 łyżeczka nasion kolendry
- 1 łyżeczka nasion kopru włoskiego
- 1 łyżeczka płatków czerwonej papryki (opcjonalnie)

INSTRUKCJE:

a) Opłucz i odcedź zielone oliwki.
b) W rondlu wymieszaj wodę, ocet, sól, czosnek, nasiona kolendry, nasiona kopru włoskiego i płatki czerwonej papryki (jeśli używasz). Doprowadzić do wrzenia.
c) Do wrzącej mieszanki dodać zielone oliwki i gotować na wolnym ogniu przez 5-10 minut.
d) Pozostaw mieszaninę do ostygnięcia, a następnie przenieś oliwki i płyn do wysterylizowanego słoika.
e) Zakręć słoik i przechowuj w lodówce co najmniej 24 godziny przed spożyciem.

35.Musaka

SKŁADNIKI:
- 2 duże bakłażany, pokrojone w plasterki
- 1 funt mielonej jagnięciny lub wołowiny
- 1 cebula, drobno posiekana
- 3 ząbki czosnku, posiekane
- 2 duże pomidory, pokrojone w kostkę
- 1/2 szklanki koncentratu pomidorowego
- 1 łyżeczka mielonego cynamonu
- Sól i pieprz do smaku
- Oliwa z oliwek do smażenia

INSTRUKCJE:
a) Posolić plasterki bakłażana i odstawić na 30 minut, aby usunąć nadmiar wilgoci. Opłucz i osusz.
b) Na patelni rozgrzej oliwę i smaż plastry bakłażana na złoty kolor. Odłożyć na bok.
c) Na tej samej patelni podsmaż mięso mielone, posiekaną cebulę i posiekany czosnek, aż się zrumienią.
d) Dodać pokrojone w kostkę pomidory, koncentrat pomidorowy, mielony cynamon, sól i pieprz. Gotuj, aż mieszanina zgęstnieje.
e) W naczyniu do pieczenia ułóż usmażone plastry bakłażana i mieszankę mięsną.
f) Piec w piekarniku nagrzanym do 175°C przez około 30 minut lub do momentu, aż ciasto zacznie się pienić.

36.Zupa z soczewicy i dyni

SKŁADNIKI:
- 1 szklanka czerwonej soczewicy
- 2 szklanki pokrojonej w kostkę dyni
- 1 cebula, posiekana
- 3 ząbki czosnku, posiekane
- 1 łyżeczka mielonego kminku
- 1 łyżeczka mielonej kolendry
- 6 szklanek bulionu warzywnego
- Sól i pieprz do smaku
- Oliwa z oliwek do smażenia

INSTRUKCJE:
a) W garnku na oliwie podsmażamy posiekaną cebulę i przeciśnięty przez praskę czosnek, aż zmiękną.
b) Dodać pokrojoną w kostkę dynię, czerwoną soczewicę, mielony kminek, mieloną kolendrę, sól i pieprz. Dobrze wymieszać.
c) Wlać bulion warzywny i doprowadzić do wrzenia. Zmniejsz ogień i gotuj, aż soczewica i dynia będą miękkie.
d) Za pomocą blendera zanurzeniowego zmiksuj zupę do pożądanej konsystencji.
e) W razie potrzeby dopraw przyprawami i podawaj na gorąco.

37. Pikantna ryba gazańska

SKŁADNIKI:
- 4 filety rybne (np. okoń morski lub granik)
- 2 łyżki oliwy z oliwek
- 1 cebula, drobno posiekana
- 3 ząbki czosnku, posiekane
- 2 pomidory pokrojone w kostkę
- 1 łyżeczka mielonego kminku
- 1 łyżeczka mielonej kolendry
- 1 łyżeczka papryki
- 1/2 łyżeczki pieprzu cayenne
- Sól i pieprz do smaku
- Świeża kolendra do dekoracji

INSTRUKCJE:
a) Na patelni na oliwie podsmaż posiekaną cebulę i posiekany czosnek, aż zmiękną.
b) Dodać pokrojone w kostkę pomidory, mielony kminek, mieloną kolendrę, paprykę, pieprz cayenne, sól i pieprz. Gotuj, aż pomidory się rozpadną.
c) Filety rybne dopraw solą i pieprzem, a następnie umieść je na patelni z mieszanką pomidorową.
d) Gotuj rybę, aż będzie nieprzezroczysta i można ją łatwo rozdrobnić widelcem.
e) Przed podaniem udekoruj świeżą kolendrą.

38. Miska z krewetkami

SKŁADNIKI:
- 1 funt dużych krewetek, obranych i oczyszczonych
- 2 szklanki ugotowanego ryżu
- 1 papryka, pokrojona w plasterki
- 1 cukinia, pokrojona w plasterki
- 1 cebula, pokrojona w plasterki
- 3 ząbki czosnku, posiekane
- 2 łyżki oliwy z oliwek
- 1 łyżeczka mielonego kminku
- 1 łyżeczka wędzonej papryki
- Sól i pieprz do smaku
- Świeże ćwiartki cytryny do podania

INSTRUKCJE:
a) Na patelni podsmaż na oliwie pokrojoną w plasterki paprykę, cukinię i cebulę, aż zmiękną.
b) Dodać przeciśnięty przez praskę czosnek, kminek mielony, paprykę wędzoną, sól i pieprz. Dobrze wymieszać.
c) Dodaj krewetki na patelnię i smaż, aż staną się różowe i nieprzezroczyste.
d) Podawaj mieszaninę krewetek i warzyw na ugotowanym ryżu.
e) Przed podaniem skrop naczynie świeżym sokiem z cytryny.

39. Placki Szpinakowe

SKŁADNIKI:

- 2 szklanki posiekanego szpinaku
- 1 szklanka pokruszonego sera feta
- 1 cebula, drobno posiekana
- 2 łyżki oliwy z oliwek
- Sól i pieprz do smaku
- 1 opakowanie gotowego ciasta drożdżowego

INSTRUKCJE:

a) Na patelni na oliwie podsmaż posiekaną cebulę, aż zmięknie.
b) Dodać posiekany szpinak i smażyć, aż zwiędnie. Doprawić solą i pieprzem.
c) Zdjąć z ognia i pozostawić do ostygnięcia. Wymieszaj z pokruszonym serem feta.
d) Ciasto rozwałkowujemy i wycinamy koła. Połóż łyżkę mieszanki szpinakowej na środku.
e) Złóż ciasto na nadzienie, tworząc kształt półksiężyca. Uszczelnij krawędzie.
f) Piec zgodnie z instrukcją dotyczącą ciasta lub na złoty kolor.

40.Musakhan

SKŁADNIKI:
- 4 udka z kurczaka
- 1 duża cebula, pokrojona w cienkie plasterki
- 1/4 szklanki oliwy z oliwek
- 1 łyżeczka mielonego sumaku
- 1 łyżeczka mielonego kminku
- 1 łyżeczka mielonej kolendry
- Sól i pieprz do smaku
- Podpłomyk palestyński (Taboon lub dowolny podpłomyk)
- Posiekana natka pietruszki i prażone orzeszki piniowe do dekoracji

INSTRUKCJE:
a) Rozgrzej piekarnik do 400°F (200°C).
b) Udka z kurczaka doprawiamy sumakiem, kminkiem, kolendrą, solą i pieprzem.
c) Na patelni rozgrzej oliwę z oliwek i podsmaż pokrojoną w plasterki cebulę, aż się skarmelizuje.
d) Na patelnię wrzucamy przyprawione udka z kurczaka i obsmażamy z obu stron.
e) Połóż kurczaka i cebulę na podpłomyku. Skropić oliwą z oliwek.
f) Piec w piekarniku, aż kurczak będzie ugotowany.
g) Przed podaniem udekoruj posiekaną natką pietruszki i prażonymi orzeszkami piniowymi.

41. Tymianek Mutabbaq

SKŁADNIKI:
- 2 szklanki świeżych liści tymianku
- 1/2 szklanki oliwy z oliwek
- Sól dla smaku
- Palestyńskie ciasto na chleb płaski lub gotowe arkusze

INSTRUKCJE:
a) Rozgrzej piekarnik do 190°C (375°F).
b) W misce wymieszaj świeże liście tymianku z oliwą z oliwek i solą.
c) Rozwałkuj ciasto na chleb lub użyj gotowych arkuszy.
d) Na połowę ciasta równomiernie rozsmaruj masę tymiankową, a drugą połówkę złóż, sklejając brzegi.
e) Piec w piekarniku, aż będzie złocistobrązowy i chrupiący.

42. Malfoufa

SKŁADNIKI:
- Liście kapusty
- 1 szklanka ryżu, opłukanego
- 1/2 funta mielonej jagnięciny lub wołowiny
- 1 cebula, drobno posiekana
- 2 łyżki koncentratu pomidorowego
- 2 łyżki oliwy z oliwek
- 1 łyżeczka mielonego cynamonu
- Sól i pieprz do smaku
- Kawałki cytryny do podania

INSTRUKCJE:
a) Liście kapusty gotujemy do miękkości. Odcedź i odłóż na bok.
b) Na patelni podsmaż posiekaną cebulę na oliwie z oliwek, aż będzie przezroczysta.
c) Dodaj mielone mięso i smaż, aż się zrumieni. Wymieszaj koncentrat pomidorowy, cynamon, sól i pieprz.
d) Do każdego liścia kapusty nałóż łyżkę masy mięsnej i mocno zwiń.
e) W garnku ułożyć faszerowane liście kapusty. Dodaj tyle wody, aby przykryć.
f) Gotuj na małym ogniu, aż ryż się ugotuje, a gołąbki będą miękkie.
g) Podawać z cząstkami cytryny.

43. Al Qidra Al Khaliliya

SKŁADNIKI:
- 2 szklanki ryżu basmati
- 1/2 szklanki klarowanego masła (ghee)
- 1 duża cebula, pokrojona w cienkie plasterki
- 1,5 funta jagnięciny lub kurczaka pokrojonego na kawałki
- 1/2 szklanki ciecierzycy namoczonej przez noc
- 1/2 szklanki całych migdałów
- 1/2 szklanki rodzynek
- 1 łyżeczka mielonego cynamonu
- 1 łyżeczka zmielonego ziela angielskiego
- Sól i pieprz do smaku
- 4 szklanki bulionu z kurczaka lub wołowiny

INSTRUKCJE:
a) Ryż opłukać i namoczyć w wodzie na 30 minut. Odpływ.
b) W dużym garnku rozpuść klarowane masło na średnim ogniu. Dodać pokrojoną cebulę i smażyć na złoty kolor.
c) Dodajemy kawałki mięsa i obsmażamy je ze wszystkich stron.
d) Dodać namoczoną ciecierzycę, migdały, rodzynki, cynamon, ziele angielskie, sól i pieprz.
e) Dodaj odcedzony ryż do garnka i dobrze wymieszaj.
f) Wlać bulion z kurczaka lub wołowiny i doprowadzić do wrzenia. Zmniejsz ogień, przykryj i gotuj na wolnym ogniu, aż ryż ugotuje się, a płyn zostanie wchłonięty.
g) Odstawiamy na kilka minut, a następnie rozgniatamy ryż widelcem.
h) Podawać na gorąco, w razie potrzeby udekorowane dodatkowymi migdałami i rodzynkami.

44. Rissole: Mięso Mielone

SKŁADNIKI:
- 1 funt mięsa mielonego (wołowina, jagnięcina lub mieszanka)
- 1 cebula, drobno posiekana
- 2 ząbki czosnku, posiekane
- 1/2 szklanki bułki tartej
- 1/4 szklanki mleka
- 1 jajko
- 1 łyżeczka mielonego kminku
- 1 łyżeczka papryki
- Sól i pieprz do smaku
- Mąka do panierowania
- Olej roślinny do smażenia

INSTRUKCJE:
a) W misce wymieszaj mięso mielone, posiekaną cebulę, mielony czosnek, bułkę tartą, mleko, jajko, mielony kminek, paprykę, sól i pieprz. Mieszaj, aż dobrze się połączą.
b) Z powstałej mieszanki uformuj małe kotleciki lub kulki.
c) Każdy kotlet obtaczamy w mące, tak aby równomiernie się nią pokrył.
d) Rozgrzej olej roślinny na patelni na średnim ogniu.
e) Smaż placki na złoty kolor z obu stron i usmaż je.
f) Odsączyć na ręcznikach papierowych, aby usunąć nadmiar oleju.
g) Podawać na gorąco z ulubionym sosem.

45.Mejadra

SKŁADNIKI:

- 1¼ szklanki / 250 g zielonej lub brązowej soczewicy
- cebule (700 g przed obraniem)
- 3 łyżki mąki uniwersalnej
- ok. 1 szklanka/250 ml oleju słonecznikowego
- 2 łyżeczki nasion kminku
- 1 ½ łyżki nasion kolendry
- 1 szklanka / 200 g ryżu basmati
- 2 łyżki oliwy z oliwek
- ½ łyżeczki mielonej kurkumy
- 1 ½ łyżeczki mielonego ziela angielskiego
- 1 ½ łyżeczki mielonego cynamonu
- 1 łyżeczka cukru
- 1½ szklanki / 350 ml wody
- sól i świeżo zmielony czarny pieprz

INSTRUKCJE

a) Soczewicę włóż do małego rondla, zalej dużą ilością wody, zagotuj i gotuj przez 12 do 15 minut, aż soczewica zmięknie, ale nadal będzie lekko gryzła. Odcedź i odłóż na bok.

b) Cebule obierz i pokrój w cienkie plasterki. Ułożyć na dużym płaskim talerzu, posypać mąką i 1 łyżeczką soli i dobrze wymieszać rękoma. Rozgrzej olej słonecznikowy w średnim rondlu o grubym dnie, ustawionym na dużym ogniu. Upewnij się, że olej jest gorący, wrzucając mały kawałek cebuli; powinno mocno skwierczeć. Zmniejsz ogień do średniego i ostrożnie (może pluć!) dodaj jedną trzecią pokrojonej w plasterki cebuli. Smaż przez 5 do 7 minut, mieszając od czasu do czasu łyżką cedzakową, aż cebula nabierze ładnego złotobrązowego koloru i stanie się chrupiąca (dostosuj temperaturę, aby cebula nie smażyła się zbyt szybko i nie paliła). Łyżką przenieś cebulę na durszlak wyłożony papierowymi ręcznikami i posyp ją odrobiną soli. Zrób to samo z pozostałymi dwiema porcjami cebuli; w razie potrzeby dodać trochę dodatkowego oleju.

c) Wytrzyj do czysta patelnię, w której smażyłaś cebulę, włóż do niej kminek i nasiona kolendry. Postaw na średnim ogniu i praż nasiona przez minutę lub dwie. Dodać ryż, oliwę z oliwek, kurkumę, ziele angielskie, cynamon, cukier, ½ łyżeczki soli i dużą ilość czarnego pieprzu. Mieszaj, aby ryż pokrył się oliwą, a następnie dodaj ugotowaną soczewicę i wodę. Doprowadzić do wrzenia, przykryć pokrywką i gotować na bardzo małym ogniu przez 15 minut.

d) Zdejmij z ognia, zdejmij pokrywkę i szybko przykryj patelnię czystą ściereczką. Szczelnie zamknij pokrywką i odstaw na 10 minut.

e) Na koniec do ryżu i soczewicy dodajemy połowę podsmażonej cebuli i delikatnie mieszamy widelcem. Przełóż mieszaninę do płytkiej miski i posyp resztą cebuli.

46.Na'ama jest gruba

SKŁADNIKI:
- 1 szklanka / 200 g jogurtu greckiego i ¾ szklanki plus 2 łyżki / 200 ml pełnego mleka lub 1⅔ szklanki / 400 ml maślanki (zamiast jogurtu i mleka)
- 2 duże czerstwe tureckie placki lub naan (w sumie 250 g)
- 3 duże pomidory (łącznie 380 g), pokrojone w kostkę o średnicy ⅔ cala / 1,5 cm
- 100 g rzodkiewek, pokrojonych w cienkie plasterki
- 3 ogórki libańskie lub mini (w sumie 250 g), obrane i pokrojone w kostkę o średnicy 1,5 cm/⅔ cala
- 2 zielone cebule, pokrojone w cienkie plasterki
- ½ uncji / 15 g świeżej mięty
- 25 g pietruszki płaskolistnej, grubo posiekanej
- 1 łyżka suszonej mięty
- 2 ząbki czosnku, zmiażdżone
- 3 łyżki świeżo wyciśniętego soku z cytryny
- ¼ szklanki / 60 ml oliwy z oliwek plus trochę do skropienia
- 2 łyżki octu jabłkowego lub białego wina
- ¾ łyżeczki świeżo zmielonego czarnego pieprzu
- 1 ½ łyżeczki soli
- 1 łyżka sumaku lub więcej do smaku, do dekoracji

INSTRUKCJE:
a) Jeśli używasz jogurtu i mleka, rozpocznij je co najmniej 3 godziny wcześniej, a nawet dzień wcześniej, umieszczając oba składniki w misce. Dokładnie wymieszaj i odstaw w chłodne miejsce lub do lodówki, aż na powierzchni pojawią się bąbelki. Otrzymujesz rodzaj domowej maślanki, ale mniej kwaśnej.
b) Chleb rwiemy na kawałki wielkości kęsa i wkładamy do dużej miski. Dodaj mieszankę jogurtu sfermentowanego lub maślankę dostępną w handlu, a następnie resztę składników, dobrze wymieszaj i pozostaw na 10 minut, aby wszystkie smaki się połączyły.
c) Przełóż łyżką tłuszcz do misek, skrop odrobiną oliwy z oliwek i obficie udekoruj sumakiem.

47. Sałatka ze szpinaku baby z daktylami i migdałami

SKŁADNIKI:

- 1 łyżka białego octu winnego
- ½ średniej czerwonej cebuli, pokrojonej w cienkie plasterki
- 100 g daktyli Medjool, bez pestek, podzielonych wzdłuż na ćwiartki
- 2 łyżki / 30 g niesolonego masła
- 2 łyżki oliwy z oliwek
- 2 małe pity, około 100 g, z grubsza podzielone na 4 cm kawałki
- ½ szklanki / 75 g całych, niesolonych migdałów, grubo posiekanych
- 2 łyżeczki sumaku
- ½ łyżeczki płatków chili
- 150 g liści szpinaku baby
- 2 łyżki świeżo wyciśniętego soku z cytryny
- sól

INSTRUKCJE:

a) Do małej miski włóż ocet, cebulę i daktyle. Dodaj szczyptę soli i dobrze wymieszaj rękoma. Pozostawić do marynowania na 20 minut, następnie odsączyć resztki octu i wyrzucić.

b) W międzyczasie podgrzej masło i połowę oliwy z oliwek na średniej patelni na średnim ogniu. Dodaj pitę i migdały i smaż przez 4 do 6 minut, cały czas mieszając, aż pita będzie chrupiąca i złocistobrązowa. Zdjąć z ognia i wymieszać z sumakiem, płatkami chili i ¼ łyżeczki soli. Odstawić do ostygnięcia.

c) Kiedy będziesz gotowy do podania, wrzuć liście szpinaku z mieszanką pita do dużej miski. Dodaj daktyle i czerwoną cebulę, pozostałą oliwę z oliwek, sok z cytryny i kolejną szczyptę soli. Dopraw do smaku i natychmiast podawaj.

48. Pieczona dynia piżmowa z za'atarem

SKŁADNIKI:
- 1 duża dynia piżmowa (w sumie 1,1 kg) pokrojona w kliny o wymiarach ¾ na 2½ cala / 2 na 6 cm
- 2 czerwone cebule, pokrojone w 3-centymetrowe kliny
- 3½ łyżki / 50 ml oliwy z oliwek
- 3½ łyżki jasnej pasty tahini
- 1 ½ łyżki soku z cytryny
- 2 łyżki wody
- 1 mały ząbek czosnku, zmiażdżony
- 3½ łyżki / 30 g orzeszków piniowych
- 1 łyżka za'atar
- 1 łyżka grubo posiekanej natki pietruszki płaskolistnej
- Maldon i świeżo zmielony czarny pieprz

INSTRUKCJE:
a) Rozgrzej piekarnik do 240°C/475°F.
b) Do dużej miski włóż dynię i cebulę, dodaj 3 łyżki oleju, 1 łyżeczkę soli i trochę czarnego pieprzu, dobrze wymieszaj. Rozłóż na blasze do pieczenia skórą do dołu i piecz w piekarniku przez 30 do 40 minut, aż warzywa nabiorą koloru i będą ugotowane. Uważaj na cebulę, ponieważ może ugotować się szybciej niż dynia i należy ją wcześniej usunąć. Wyjąć z piekarnika i pozostawić do ostygnięcia.
c) Aby przygotować sos, włóż tahini do małej miski wraz z sokiem z cytryny, wodą, czosnkiem i ¼ łyżeczki soli. Ubijaj, aż sos będzie miał konsystencję miodu, w razie potrzeby dodając więcej wody lub tahini.
d) Wlej pozostałe 1 ½ łyżeczki oleju na małą patelnię i postaw na średnio-małym ogniu. Dodaj orzeszki piniowe wraz z ½ łyżeczki soli i gotuj przez 2 minuty, często mieszając, aż orzechy nabiorą złotobrązowego koloru. Zdejmij z ognia i przenieś orzechy i olej do małej miski, aby zatrzymać gotowanie.
e) Przed podaniem rozłóż warzywa na dużym talerzu i polej tahini. Posyp orzeszkami piniowymi i ich oliwą, a następnie za'atarem i natką pietruszki.

49. Mieszana sałatka z fasoli

SKŁADNIKI:
- 280 g żółtej fasoli, przyciętej (jeśli jest niedostępna, podwoić ilość zielonej fasolki)
- 280 g zielonej fasolki, przyciętej
- 2 czerwone papryki, pokrojone w paski o długości ¼ cala / 0,5 cm
- 3 łyżki oliwy z oliwek, plus 1 łyżeczka do papryki
- 3 ząbki czosnku, pokrojone w cienkie plasterki
- 6 łyżek / 50 g kaparów, opłukanych i osuszonych
- 1 łyżeczka nasion kminku
- 2 łyżeczki nasion kolendry
- 4 zielone cebule, pokrojone w cienkie plasterki
- ⅓ szklanki / 10 g estragonu, grubo posiekanego
- ⅔ szklanki / 20 g zrywanych liści trybuli (lub mieszanki selera i posiekanej natki pietruszki)
- otarta skórka z 1 cytryny
- sól i świeżo zmielony czarny pieprz

INSTRUKCJE:
a) Rozgrzej piekarnik do 220°C/450°F.
b) Zagotuj dużą patelnię z dużą ilością wody i dodaj żółtą fasolę. Po 1 minucie dodaj fasolkę szparagową i gotuj przez kolejne 4 minuty lub do momentu, aż fasola będzie ugotowana, ale nadal chrupiąca. Odświeżyć pod lodowatą wodą, odcedzić, osuszyć i włożyć do dużej miski.
c) W międzyczasie wrzuć paprykę na 1 łyżeczkę oleju, rozłóż na blasze do pieczenia i włóż do piekarnika na 5 minut lub do miękkości. Wyjmij z piekarnika i dodaj do miski z ugotowaną fasolą.
d) W małym rondlu rozgrzej 3 łyżki oliwy z oliwek. Dodaj czosnek i smaż przez 20 sekund; dodać kapary (uważaj, plują!) i smażyć kolejne 15 sekund. Dodaj kminek i nasiona kolendry i kontynuuj smażenie przez kolejne 15 sekund. Czosnek powinien już zmienić kolor na złoty. Zdejmij z ognia i natychmiast wlej zawartość patelni na fasolę. Wymieszaj i dodaj zieloną cebulę, zioła, skórkę z cytryny, dużą ¼ łyżeczki soli i czarny pieprz.
e) Podawać lub przechowywać w lodówce do jednego dnia. Pamiętaj tylko o doprowadzeniu do temperatury pokojowej przed podaniem.

50. Surówka z warzyw korzeniowych z labneh

SKŁADNIKI:
- 3 średnie buraki (łącznie 450 g)
- 2 średnie marchewki (w sumie 250 g)
- ½ korzenia selera (łącznie 300 g)
- 1 średnia kalarepa (w sumie 250 g)
- 4 łyżki świeżo wyciśniętego soku z cytryny
- 4 łyżki oliwy z oliwek
- 3 łyżki octu sherry
- 2 łyżeczki drobnego cukru
- ¾ szklanki / 25 g liści kolendry, grubo posiekanych
- ¾ szklanki / 25 g posiekanych liści mięty
- ⅔ szklanki / 20 g liści pietruszki płaskolistnej, grubo posiekanej
- ½ łyżki startej skórki z cytryny
- 1 szklanka / 200 g labneh (kupiona w sklepie lub zobacz przepis)
- sól i świeżo zmielony czarny pieprz
- Obierz wszystkie warzywa i pokrój je w cienkie plasterki, około 1/16 małego ostrego chili , drobno posiekanego

INSTRUKCJE:
a) W małym rondlu umieść sok z cytryny, oliwę z oliwek, ocet, cukier i 1 łyżeczkę soli. Doprowadzić do delikatnego wrzenia i mieszać, aż cukier i sól się rozpuszczą. Zdjąć z ognia.
b) Odcedź paski warzyw i przenieś je na papierowy ręcznik, aby dobrze wyschły. Wysusz miskę i wymień warzywa. Gorącym sosem polej warzywa, dobrze wymieszaj i pozostaw do ostygnięcia. Włożyć do lodówki na co najmniej 45 minut.
c) Gdy sałatka będzie gotowa do podania, dodaj do niej zioła, skórkę z cytryny i 1 łyżeczkę czarnego pieprzu. Dobrze wymieszaj, posmakuj i w razie potrzeby dodaj więcej soli. Ułóż na talerzach i podawaj z odrobiną labneh na boku.

51. Smażone pomidory z czosnkiem

SKŁADNIKI:
- 3 duże ząbki czosnku, zmiażdżone
- ½ małego ostrego chili , drobno posiekanego
- 2 łyżki posiekanej natki pietruszki płaskolistnej
- 3 duże, dojrzałe, ale jędrne pomidory (w sumie około 450 g)
- 2 łyżki oliwy z oliwek
- Maldon i świeżo zmielony czarny pieprz
- rustykalny chleb do podania

INSTRUKCJE:
a) W małej misce wymieszaj czosnek, chili i posiekaną natkę pietruszki i odłóż na bok. Wierzch i ogon pomidorów pokrój pionowo w plasterki o grubości około ⅔ cala / 1,5 cm.
b) Rozgrzej olej na dużej patelni na średnim ogniu. Dodać plasterki pomidora, doprawić solą i pieprzem, smażyć około 1 minuty, następnie odwrócić, ponownie doprawić solą i pieprzem i posypać mieszanką czosnku. Kontynuuj smażenie przez kolejną minutę, od czasu do czasu potrząsając patelnią, następnie ponownie obróć plastry i smaż jeszcze przez kilka sekund, aż będą miękkie, ale nie papkowate.
c) Przełóż pomidory na talerz, polej sokiem z patelni i od razu podawaj z pieczywem.

52. Smażony kalafior z tahini

SKŁADNIKI:
- 2 szklanki / 500 ml oleju słonecznikowego
- 2 średnie główki kalafiora (łącznie 1 kg), podzielone na małe różyczki
- 8 zielonych cebul, każda podzielona na 3 długie segmenty
- ¾ szklanki / 180 g jasnej pasty tahini
- 2 ząbki czosnku, zmiażdżone
- ¼ szklanki / 15 g posiekanej natki pietruszki
- ¼ szklanki / 15 g posiekanej mięty plus trochę na wykończenie
- ⅔ szklanki / 150 g jogurtu greckiego
- ¼ szklanki / 60 ml świeżo wyciśniętego soku z cytryny plus otarta skórka z 1 cytryny
- 1 łyżeczka melasy z granatów plus trochę do wykończenia
- około ¾ szklanki / 180 ml wody
- Maldon i świeżo zmielony czarny pieprz

INSTRUKCJE:

a) Rozgrzej olej słonecznikowy w dużym rondlu ustawionym na średnim ogniu. Używając metalowych szczypiec lub metalowej łyżki, ostrożnie wrzucaj po kilka różyczek kalafiora do oleju i smaż je przez 2 do 3 minut, przewracając je na drugą stronę, aby równomiernie się zabarwiły. Gdy uzyskają złoty kolor, za pomocą łyżki cedzakowej unieś różyczki na durszlak, aby je odsączyć. Posypać odrobiną soli. Kontynuuj partiami, aż skończysz cały kalafior. Następnie smaż cebulę partiami, ale tylko przez około 1 minutę. Dodać do kalafiora. Pozwól obu trochę ostygnąć.

b) Do dużej miski wlej pastę tahini, dodaj czosnek, posiekane zioła, jogurt, sok i skórkę z cytryny, melasę z granatów oraz odrobinę soli i pieprzu. Dokładnie wymieszaj drewnianą łyżką podczas dodawania wody. Sos tahini zgęstnieje, a po dodaniu wody rozrzedzi się. Nie dodawaj za dużo, tylko tyle, aby uzyskać gęstą, a zarazem gładką i lejącą konsystencję, przypominającą trochę miód.

c) Dodaj kalafior i zieloną cebulę do tahini i dobrze wymieszaj. Posmakuj i dopraw do smaku. Możesz także dodać więcej soku z cytryny.

d) Przed podaniem przełóż łyżkę do miski i wykończ kilkoma kroplami melasy z granatów i odrobiną mięty.

53. Tabbouleh

SKŁADNIKI:
- ½ szklanki / 30 g drobnej pszenicy bulgur
- 2 duże pomidory, dojrzałe, ale jędrne (w sumie 300 g)
- 1 szalotka, drobno posiekana (w sumie 3 łyżki / 30 g)
- 3 łyżki świeżo wyciśniętego soku z cytryny i trochę do wykończenia
- 4 duże pęczki pietruszki płaskolistnej (w sumie 160 g)
- 2 pęczki mięty (łącznie 30 g)
- 2 łyżeczki mielonego ziela angielskiego
- 1 łyżeczka mieszanki przypraw Baharat (kupiona w sklepie lub zobacz przepis)
- ½ szklanki / 80 ml najwyższej jakości oliwy z oliwek
- nasiona około ½ dużego granatu (w sumie ½ szklanki / 70 g), opcjonalnie
- sól i świeżo zmielony czarny pieprz

INSTRUKCJE:
a) Kaszę bulgur przełóż na drobne sito i przelej zimną wodą, aż wypływająca woda będzie przejrzysta i usuniesz większość skrobi. Przełożyć do dużej miski miksującej.
b) Za pomocą małego ząbkowanego noża pokrój pomidory w plasterki o grubości ¼ cala / 0,5 cm. Każdy plasterek pokroić w paski o grubości ¼ cala / 0,5 cm, a następnie w kostkę. Do miski dodać pomidory i ich sok, szalotkę i sok z cytryny, dobrze wymieszać.
c) Weź kilka gałązek natki pietruszki i ciasno je zwiń. Za pomocą dużego, bardzo ostrego noża odetnij większość łodyg i wyrzuć. Teraz użyj noża, aby przesuwać łodygi i liście w górę, stopniowo „podsuwając" nóż, aby posiekać pietruszkę tak drobno, jak to możliwe, i staraj się unikać krojenia kawałków szerszych niż 1/16 cala / 1 mm. Dodaj do miski.
d) Oderwij liście mięty od łodyg, złóż kilka razem i posiekaj drobno, tak jak pietruszkę; nie siekaj ich za bardzo, bo mają tendencję do odbarwiania się. Dodaj do miski.
e) Na koniec dodaj ziele angielskie, baharat , oliwę z oliwek, granat, jeśli używasz, oraz trochę soli i pieprzu. Spróbuj, jeśli chcesz, dodaj więcej soli i pieprzu, ewentualnie odrobinę soku z cytryny i podawaj.

54.Sabih

SKŁADNIKI:
- 2 duże bakłażany (w sumie około 750 g)
- około 1¼ szklanki / 300 ml oleju słonecznikowego
- 4 kromki dobrej jakości białego chleba, tostowe lub świeże i wilgotne mini pity
- 1 szklanka / 240 ml sosu Tahini
- 4 duże jajka z wolnego wybiegu, ugotowane na twardo, obrane i pokrojone w plastry o grubości 1 cm lub poćwiartowane
- około 4 łyżek Zhoug
- amba lub pikantna marynata z mango (opcjonalnie)
- sól i świeżo zmielony czarny pieprz

SAŁATKA SIEKANA
- 2 średnio dojrzałe pomidory, pokrojone w 1 cm kostkę (w sumie około 1 filiżanki / 200 g)
- 2 mini ogórki, pokrojone w 1 cm kostkę (w sumie około 1 filiżanki / 120 g)
- 2 zielone cebule, pokrojone w cienkie plasterki
- 1 ½ łyżki posiekanej natki pietruszki płaskolistnej
- 2 łyżeczki świeżo wyciśniętego soku z cytryny
- 1 ½ łyżki oliwy z oliwek

INSTRUKCJE:

a) Za pomocą obieraczki do warzyw usuń paski skórki z bakłażana od góry do dołu, pozostawiając bakłażany z naprzemiennymi paskami czarnej skórki i białego miąższu, przypominającymi zebrę. Oba bakłażany pokroić w poprzek na plastry o grubości 1 cala / 2,5 cm. Posyp je z obu stron solą, następnie rozłóż na blasze do pieczenia i odstaw na co najmniej 30 minut, aby odsączyć trochę wody. Do ich wycierania używaj ręczników papierowych.

b) Na szerokiej patelni rozgrzej olej słonecznikowy. Ostrożnie – gdy olej się rozleje – smaż plastry bakłażana partiami, aż będą ładne i ciemne, raz obracając, łącznie przez 6 do 8 minut. W razie potrzeby dodawaj olej podczas smażenia porcji. Po upieczeniu kawałki bakłażana powinny być całkowicie miękkie w środku. Zdjąć z patelni i odsączyć na ręcznikach papierowych.

c) Przygotuj posiekaną sałatkę, mieszając wszystkie składniki i doprawiając solą i pieprzem do smaku.

d) Tuż przed podaniem na każdym talerzu ułóż po 1 kromce chleba lub pity. Na każdy plasterek nałóż 1 łyżkę sosu tahini, a następnie ułóż na wierzchu plasterki bakłażana, nakładając się na siebie. Posyp odrobiną tahini, ale nie zakrywaj całkowicie plasterków bakłażana. Każdy kawałek jajka dopraw solą i pieprzem i ułóż na bakłażanie. Posyp odrobiną tahini na wierzchu i posyp łyżką tyle zhoug, ile chcesz; uważaj, jest gorąco! Jeśli chcesz, polej także marynatą z mango. Sałatkę warzywną podawaj na boku, w razie potrzeby dodając odrobinę do każdej porcji.

ZUPY

55.Bissara (zupa z fasoli fava)

SKŁADNIKI:
- 2 szklanki suszonej fasoli fava, namoczonej przez noc
- 1 cebula, drobno posiekana
- 3 ząbki czosnku, posiekane
- 1/4 szklanki oliwy z oliwek
- 1 łyżeczka kminku
- Sól i pieprz do smaku
- Kawałki cytryny do podania

INSTRUKCJE:
a) Odcedź i opłucz namoczoną fasolę fava.
b) W dużym garnku podsmaż na oliwie posiekaną cebulę i posiekany czosnek na złoty kolor.
c) Dodaj fasolę fava do garnka i zalej wodą.
d) Doprowadź do wrzenia, następnie zmniejsz ogień i gotuj, aż fasola będzie miękka (około 1-2 godziny).
e) Za pomocą blendera lub blendera zanurzeniowego zmiksuj zupę na gładką masę.
f) Dodać kminek, sól i pieprz do smaku. W razie potrzeby skorygować konsystencję wodą.
g) Podawać na gorąco z odrobiną oliwy z oliwek i kawałkami cytryny.

56. Shorbat Adas (zupa z soczewicy)

SKŁADNIKI:
- 1 szklanka czerwonej soczewicy, opłukanej
- 1 duża cebula, drobno posiekana
- 2 marchewki, pokrojone w kostkę
- 2 ząbki czosnku, posiekane
- 1 łyżeczka mielonego kminku
- 1 łyżeczka mielonej kolendry
- 6 szklanek bulionu warzywnego lub drobiowego
- Oliwa z oliwek
- Sól i pieprz do smaku
- Kawałki cytryny do podania

INSTRUKCJE:
a) W garnku na oliwie podsmaż cebulę i czosnek, aż zmiękną.
b) Dodać soczewicę, marchewkę, kminek, kolendrę, sól i pieprz. Mieszaj do połączenia.
c) Wlać bulion i doprowadzić do wrzenia. Zmniejsz ogień i gotuj, aż soczewica będzie miękka.
d) Jeśli wolisz gładszą konsystencję, zupę zmiksuj. Podawać z odrobiną cytryny.

57.Shorbat Freekeh (Zupa Freekeh)

SKŁADNIKI:
- 1 szklanka freekeh, opłukanego
- 1 funt jagnięciny lub kurczaka, pokrojonego w kostkę
- 1 cebula, drobno posiekana
- 2 marchewki, pokrojone w kostkę
- 2 łyżki oliwy z oliwek
- 6 szklanek wody lub bulionu
- Sól i pieprz do smaku
- Świeża natka pietruszki do dekoracji

INSTRUKCJE:
a) W garnku podsmaż cebulę na oliwie z oliwek, aż będzie przezroczysta. Dodać mięso i zrumienić.
b) Dodaj freekeh, marchewkę, sól i pieprz. Dobrze wymieszać.
c) Zalewamy wodą lub bulionem i doprowadzamy do wrzenia. Zmniejsz ogień i gotuj na wolnym ogniu, aż freekeh będzie ugotowany.
d) Przed podaniem udekoruj świeżą natką pietruszki.

58.Shorbat Khodar (zupa jarzynowa)

SKŁADNIKI:
- 1 cukinia, pokrojona w kostkę
- 2 marchewki, pokrojone w kostkę
- 1 ziemniak, pokrojony w kostkę
- 1 cebula, drobno posiekana
- 2 pomidory, posiekane
- 2 łyżki oliwy z oliwek
- 6 szklanek bulionu warzywnego
- 1/2 szklanki wermiszelu lub małego makaronu
- Sól i pieprz do smaku
- Świeża mięta do dekoracji

INSTRUKCJE:
a) W garnku na oliwie podsmaż cebulę, aż zmięknie. Dodać cukinię, marchewkę i ziemniaki.
b) Wymieszaj pomidory, bulion, sól i pieprz. Doprowadzić do wrzenia.
c) Dodać wermiszel i gotować, aż warzywa i makaron będą miękkie.
d) Przed podaniem udekoruj świeżą miętą.

59.Bee t Kubbeh (Zupa Kubbeh)

SKŁADNIKI:
DLA KUBBEH:
- 1 duża żółta cebula, bardzo drobno posiekana
- ¾ funta mielonej wołowiny
- 1 łyżeczka soli koszernej
- ½ łyżeczki świeżo zmielonego czarnego pieprzu i więcej do smaku
- 1 łyżeczka baharatu
- ¼ szklanki posiekanych liści selera (opcjonalnie)
- 3 szklanki drobnej mąki semoliny
- 1 ½ szklanki wody, podzielone
- 1 łyżka oleju rzepakowego

NA ZUPĘ:
- 1 łyżka oleju rzepakowego
- 1 duża żółta cebula, drobno posiekana
- 3 duże buraki, obrane i pokrojone w kostkę o grubości 1/2 cala
- 3 litry wody
- 1 łyżka cukru granulowanego
- 4 łyżeczki soli koszernej
- Świeżo zmielony czarny pieprz
- 3 łyżki świeżego soku z cytryny, podzielić
- Posiekane liście selera (opcjonalnie)

INSTRUKCJE:
a) Przygotuj nadzienie kubbeh: Umieść 1 posiekaną cebulę w czystym ręczniku kuchennym. Pracując nad zlewem lub miską, wyciśnij i wylej jak najwięcej płynu. Umieść cebulę w dużej misce. Dodaj wołowinę do dużej miski wraz z solą, pieprzem, baharatem i posiekanymi liśćmi selera, jeśli używasz. Mieszamy rękoma do połączenia, następnie przykrywamy miskę i wstawiamy do lodówki na 30 minut.

b) Przygotuj paszteciki kubbeh: wymieszaj 3 szklanki mąki semoliny, 1 szklankę wody, 1 łyżeczkę soli i 1 łyżkę oleju w średniej misce, aż uzyskasz gładką masę. Zagniataj mieszaninę w misce, aż do połączenia, aż utworzy się ciasto, które jest wilgotne, ale nie lepkie. Jeśli ciasto wydaje się lepkie, zagniataj dodatkową mąkę z

semoliny, 1 łyżeczkę na raz. Jeśli ciasto wydaje się suche, dodaj dodatkową wodę, 1 łyżeczkę na raz.
c) Ciasto pokroić na dwie części i jedną z nich przykryć. Rozwałkuj drugi kawałek ciasta na powierzchni roboczej lekko posypanej mąką z kaszy manny lub pomiędzy 2 kawałkami papieru woskowanego, aż uzyska grubość ⅛ cala. Wytnij około 2 ½-calowe rundy i umieść wycięte kawałki na kawałku woskowanego papieru. Ponownie zwiń skrawek i kontynuuj wycinanie kółek, aż do zużycia ciasta. Wycięte krążki można układać pomiędzy warstwami papieru woskowanego.
d) Wyłóż 1 do 2 blach do pieczenia papierem pergaminowym. Wyjmij nadzienie kubbeh z lodówki. Zwilżając ręce w razie potrzeby, aby zapobiec sklejaniu się mieszanki, oderwij mały kawałek nadzienia kubbeh i delikatnie zwiń w kulkę o średnicy 1 cala. Umieść kulkę nadzienia kubbeh na środku rozwałkowanego ciasta i zaciśnij końce. Delikatnie uformuj kulkę w dłoniach, tak aby mięso było szczelne w cieście. Ułożyć na przygotowanej blaszce. Powtarzaj wałkowanie, napełnianie i formowanie, aż do wykorzystania pozostałego nadzienia kubbeh i ciasta . Jeśli planujesz ugotować te kubbeh w ciągu 12 godzin, włóż je do lodówki; jeśli czekasz dłużej, zamroź kubbeh na blasze, aż stwardnieje, około 2 godzin, następnie przenieś do hermetycznego pojemnika i zamroź, aż będzie gotowy do ugotowania.
e) Powtarzaj kroki od 2 do 4, aż do wykorzystania całego ciasta i mieszanki wołowej.
f) Przygotuj zupę: W dużym garnku rozgrzej 1 łyżkę oleju na średnim ogniu. Smaż 1 posiekaną cebulę, aż będzie przezroczysta, około 4 minut. Dodaj buraki i smaż , aż zmiękną, około 7 do 8 minut. Dodać wodę, połowę soku z cytryny, cukier, sól, pieprz i liście selera (jeśli używasz) i doprowadzić mieszaninę do wrzenia. Delikatnie wrzuć kubbeh do zupy, zmniejsz ogień do małego i przykryj garnek. Gotuj na wolnym ogniu, aż kubbeh i buraki będą ugotowane, około 50 minut.
g) Dopraw zupę większą ilością soli i pieprzu do smaku. Dodaj pozostały sok z cytryny i natychmiast podawaj zupę z kilkoma kubbeh na porcję.

60. Shorbat Khodar (zupa jarzynowa)

SKŁADNIKI:
- 1 cebula, posiekana
- 2 marchewki, pokrojone w kostkę
- 2 cukinie, pokrojone w kostkę
- 1 ziemniak, pokrojony w kostkę
- 1/2 szklanki zielonej fasolki, posiekanej
- 1/4 szklanki soczewicy
- 1 łyżeczka mielonego kminku
- 1 łyżeczka mielonej kolendry
- 6 szklanek bulionu warzywnego
- Świeża natka pietruszki, posiekana (do dekoracji)
- Oliwa z oliwek do skropienia
- Sól i pieprz do smaku

INSTRUKCJE:
a) W garnku podsmaż cebulę, aż będzie przezroczysta.
b) Dodać marchewkę, cukinię, ziemniaki, fasolkę szparagową, soczewicę, kminek i kolendrę. Dobrze wymieszać.
c) Wlać bulion warzywny i doprowadzić do wrzenia. Zmniejsz ogień i gotuj, aż warzywa będą miękkie.
d) Doprawić solą i pieprzem. Przed podaniem udekoruj świeżą natką pietruszki i skrop oliwą z oliwek.

61. Warzywna Szurba

SKŁADNIKI:

- 2 łyżki oleju roślinnego
- 1 cebula, drobno posiekana
- 2 marchewki, obrane i pokrojone w kostkę
- 2 ziemniaki, obrane i pokrojone w kostkę
- 1 cukinia, pokrojona w kostkę
- 1 szklanka zielonej fasolki, posiekanej
- 2 pomidory pokrojone w kostkę
- 3 ząbki czosnku, posiekane
- 1 łyżeczka mielonego kminku
- 1 łyżeczka mielonej kolendry
- 1 łyżeczka mielonej kurkumy
- Sól i pieprz do smaku
- 6 szklanek bulionu warzywnego
- 1/2 szklanki wermiszelu lub małego makaronu
- Świeża natka pietruszki do dekoracji

INSTRUKCJE:

a) W dużym garnku rozgrzej olej roślinny na średnim ogniu. Dodajemy posiekaną cebulę i przeciśnięty przez praskę czosnek, smażymy aż zmiękną.
b) Do garnka dodaj pokrojoną w kostkę marchewkę, ziemniaki, cukinię, fasolkę szparagową i pomidory. Gotuj około 5 minut, od czasu do czasu mieszając.
c) Posyp warzywa mielonym kminkiem, kolendrą, kurkumą, solą i pieprzem. Dobrze wymieszaj, aby przyprawy pokryły warzywa.
d) Wlać bulion warzywny i doprowadzić mieszaninę do wrzenia. Po zagotowaniu zmniejsz ogień do minimum i gotuj przez około 15-20 minut lub do momentu, aż warzywa będą miękkie.
e) Do garnka dodaj wermiszel lub mały makaron i gotuj zgodnie z instrukcją na opakowaniu, aż będzie al dente.
f) W razie potrzeby dopraw przyprawami i gotuj zupę przez kolejne 5 minut, aby smaki się połączyły.
g) Podawać gorące, udekorowane świeżą natką pietruszki.

62. z rzeżuchy i ciecierzycy z wodą różaną

SKŁADNIKI:

- 2 średnie marchewki (w sumie 250 g), pokrojone w 2-centymetrową kostkę
- 3 łyżki oliwy z oliwek
- 2½ łyżeczki ras el hanout
- ½ łyżeczki mielonego cynamonu
- 1½ szklanki / 240 g gotowanej ciecierzycy, świeżej lub z puszki
- 1 średnia cebula, pokrojona w cienkie plasterki
- 2½ łyżki / 15 g obranego i drobno posiekanego świeżego imbiru
- 2½ szklanki / 600 ml bulionu warzywnego
- 200 g rzeżuchy wodnej
- 100 g liści szpinaku
- 2 łyżeczki drobnego cukru
- 1 łyżeczka wody różanej
- sól
- Jogurt grecki do podania (opcjonalnie)
- Rozgrzej piekarnik do 220°C/425°F.

INSTRUKCJE

a) Wymieszaj marchewki z 1 łyżką oliwy z oliwek, ras el hanout, cynamonem i dużą szczyptą soli i rozłóż na płasko w brytfance wyłożonej papierem pergaminowym. Wstawić do piekarnika na 15 minut, następnie dodać połowę ciecierzycy, dobrze wymieszać i gotować kolejne 10 minut, aż marchewka zmięknie, ale nadal będzie gryzła.

b) W międzyczasie w dużym rondlu umieść cebulę i imbir. Smażyć z pozostałą oliwą z oliwek przez około 10 minut na średnim ogniu, aż cebula będzie całkowicie miękka i złocista. Dodać pozostałą ciecierzycę, bulion, rzeżuchę, szpinak, cukier i ¾ łyżeczki soli, dobrze wymieszać i doprowadzić do wrzenia. Gotuj przez minutę lub dwie, aż liście zwiędną.

c) Za pomocą robota kuchennego lub blendera zmiksuj zupę na gładką masę. Dodaj wodę różaną, zamieszaj, posmakuj i jeśli chcesz, dodaj więcej soli lub wody różanej. Odłóż na bok, aż marchewka i ciecierzyca będą gotowe, a następnie podgrzej i podawaj.

d) Przed podaniem podziel zupę do czterech misek i posyp gorącą marchewką i ciecierzycą oraz, jeśli chcesz, około 2 łyżeczkami jogurtu na porcję.

63. Gorąca zupa jogurtowo - jęczmienna

SKŁADNIKI:
- 6¾ szklanki / 1,6 litra wody
- 1 szklanka / 200 g kaszy perłowej
- 2 średnie cebule, drobno posiekane
- 1 ½ łyżeczki suszonej mięty
- 4 łyżki / 60 g niesolonego masła
- 2 duże jajka, ubite
- 2 szklanki / 400 g jogurtu greckiego
- ⅔ uncji / 20 g świeżej mięty, posiekanej
- ⅓ oz / 10 g posiekanej natki pietruszki płaskolistnej
- 3 zielone cebule, pokrojone w cienkie plasterki
- sól i świeżo zmielony czarny pieprz

INSTRUKCJE
a) Zagotuj wodę z jęczmieniem w dużym rondlu, dodaj 1 łyżeczkę soli i gotuj na wolnym ogniu, aż jęczmień będzie ugotowany, ale wciąż al dente, 15 do 20 minut. Zdjąć z ognia. Po ugotowaniu będziesz potrzebować 4¾ filiżanek / 1,1 litra płynu do gotowania zupy; uzupełnij wodą, jeśli pozostało jej mniej z powodu parowania.

b) Podczas gotowania jęczmienia podsmaż cebulę i suszoną miętę na średnim ogniu na maśle, aż będą miękkie, około 15 minut. Dodaj to do ugotowanego jęczmienia.

c) W dużej żaroodpornej misce wymieszaj jajka i jogurt. Powoli dodawaj trochę jęczmienia i wody, chochla po łyżce, aż jogurt się rozgrzeje. Dzięki temu jogurt i jajka nie będą się rozpadać po dodaniu do gorącego płynu.

d) Dodaj jogurt do garnka z zupą i wróć do średniego ognia, ciągle mieszając, aż zupa zacznie lekko wrzeć. Zdejmij z ognia, dodaj posiekane zioła i dymkę, sprawdź doprawienie.

e) Podawać na gorąco.

64. Zupa pistacjowa

SKŁADNIKI:
- 2 łyżki wrzącej wody
- ¼ łyżeczki nitek szafranu
- 1⅔ szklanki / 200 g niesolonych pistacji łuskanych
- 2 łyżki / 30 g niesolonego masła
- 4 szalotki, drobno posiekane (w sumie 100 g)
- 25 g imbiru, obranego i drobno posiekanego
- 1 por, drobno posiekany (w sumie 1¼ szklanki / 150 g)
- 2 łyżeczki mielonego kminku
- 3 szklanki / 700 ml bulionu warzywnego
- ⅓ szklanki / 80 ml świeżo wyciśniętego soku pomarańczowego
- 1 łyżka świeżo wyciśniętego soku z cytryny
- sól i świeżo zmielony czarny pieprz
- śmietana, do podania

INSTRUKCJE:
a) Rozgrzej piekarnik do 180°C/350°F. Nitki szafranu w małej filiżance zalać wrzącą wodą i pozostawić do zaparzenia na 30 minut.
b) Aby usunąć skórkę z pistacji, blanszuj orzechy we wrzącej wodzie przez 1 minutę, odcedź, a gdy są jeszcze gorące, usuń skórkę, ściskając orzechy między palcami. Nie wszystkie skórki zejdą tak jak w przypadku migdałów – jest to w porządku, ponieważ nie ma to wpływu na zupę – ale pozbycie się skórki poprawi kolor i sprawi, że będzie jaśniejsza. Rozłóż pistacje na blasze do pieczenia i piecz w piekarniku przez 8 minut. Wyjmij i pozostaw do ostygnięcia.
c) W dużym rondlu rozgrzej masło, dodaj szalotkę, imbir, por, kminek, ½ łyżeczki soli i trochę czarnego pieprzu. Smażyć na średnim ogniu przez 10 minut, często mieszając, aż szalotka będzie całkowicie miękka. Dodać bulion i połowę płynu szafranowego. Przykryj patelnię, zmniejsz ogień i gotuj zupę przez 20 minut.
d) Umieść wszystkie pistacje oprócz 1 łyżki w dużej misce wraz z połową zupy. Użyj ręcznego blendera, aby zmiksować na gładką masę, a następnie włóż ją z powrotem do rondla. Dodaj sok pomarańczowy i cytrynowy, podgrzej ponownie i posmakuj, aby dostosować przyprawę.
e) Przed podaniem grubo posiekaj zarezerwowane pistacje. Gorącą zupę przelać do miseczek i zalać łyżką kwaśnej śmietany. Posyp pistacjami i skrop pozostałym płynem szafranowym.

65. z spalonego bakłażana i Mograbieh

SKŁADNIKI:
- 5 małych bakłażanów (w sumie około 1,2 kg)
- olej słonecznikowy do smażenia
- 1 cebula, pokrojona w plasterki (w sumie około 1 szklanki / 125 g)
- 1 łyżka nasion kminku, świeżo zmielonych
- 1 ½ łyżeczki koncentratu pomidorowego
- 2 duże pomidory (w sumie 350 g), obrane ze skóry i pokrojone w kostkę
- 1½ szklanki / 350 ml bulionu warzywnego
- 1⅔ szklanki / 400 ml wody
- 4 ząbki czosnku, zmiażdżone
- 2 ½ łyżeczki cukru
- 2 łyżki świeżo wyciśniętego soku z cytryny
- ⅓ szklanki / 100 g mograbieh lub alternatywa, np. maftoul , fregola lub gigantyczny kuskus (patrz rozdział o kuskusie)
- 2 łyżki posiekanej bazylii lub 1 łyżka posiekanego koperku, opcjonalnie
- sól i świeżo zmielony czarny pieprz

INSTRUKCJE:

a) Zacznij od spalenia trzech bakłażanów. Aby to zrobić, postępuj zgodnie z instrukcją Spalony bakłażan z czosnkiem, cytryną i pestkami granatu .

b) Pozostałe bakłażany pokroić w kostkę o średnicy 1,5 cm. Podgrzej około ⅔ szklanki / 150 ml oleju w dużym rondlu na średnim ogniu. Gdy będzie już gorący, dodaj kostkę bakłażana. Smażyć przez 10 do 15 minut, często mieszając, aż całość się zarumieni; jeśli to konieczne, dodaj trochę więcej oleju, aby zawsze było trochę oleju na patelni. Wyjąć bakłażana, odłożyć na durszlak do odsączenia i posypać solą.

c) Upewnij się, że na patelni została jeszcze około 1 łyżka oleju, następnie dodaj cebulę i kminek i smaż przez około 7 minut, często mieszając. Dodaj koncentrat pomidorowy i gotuj przez kolejną minutę, a następnie dodaj pomidory, bulion, wodę, czosnek, cukier, sok z cytryny, 1 ½ łyżeczki soli i trochę czarnego pieprzu. Gotuj delikatnie przez 15 minut.

d) W międzyczasie zagotuj mały rondelek z osoloną wodą i dodaj mograbieh lub alternatywę. Gotuj aż do al dente; różni się to w zależności od marki, ale powinno zająć od 15 do 18 minut (sprawdź opakowanie). Odcedzić i odświeżyć pod zimną wodą.

e) Przypalony miąższ bakłażana przełóż do zupy i zmiksuj ręcznym blenderem na gładki płyn. Dodaj mograbieh i smażony bakłażan, zostawiając trochę do dekoracji na koniec i gotuj na wolnym ogniu przez kolejne 2 minuty. Posmakuj i dopraw do smaku. Podawać na gorąco, z zarezerwowaną mograbieh i smażonym bakłażanem na wierzchu i udekorowanym bazylią lub koperkiem, jeśli lubisz.

66. pomidorowa i zakwas

SKŁADNIKI:
- 2 łyżki oliwy z oliwek, plus dodatkowa ilość do wykończenia
- 1 duża cebula, posiekana (1⅔ szklanki / łącznie 250 g)
- 1 łyżeczka nasion kminku
- 2 ząbki czosnku, zmiażdżone
- 3 szklanki / 750 ml bulionu warzywnego
- 4 duże, dojrzałe pomidory, posiekane (w sumie 4 szklanki / 650 g)
- jedna puszka 400 g posiekanych włoskich pomidorów
- 1 łyżka drobnego cukru
- 1 kromka chleba na zakwasie (w sumie 40 g)
- 2 łyżki posiekanej kolendry plus trochę na wykończenie
- sól i świeżo zmielony czarny pieprz

INSTRUKCJE:
a) W średnim rondlu rozgrzej oliwę i dodaj cebulę. Smażyć przez około 5 minut, często mieszając, aż cebula będzie przezroczysta. Dodaj kminek i czosnek i smaż przez 2 minuty. Wlać bulion, oba rodzaje pomidorów, cukier, 1 łyżeczkę soli i dobrze zmielony czarny pieprz.

b) Doprowadź zupę do lekkiego wrzenia i gotuj przez 20 minut, w połowie gotowania dodając pokrojony na kawałki chleb.

c) Na koniec dodaj kolendrę, a następnie zmiksuj blenderem w kilku impulsach, tak aby pomidory się rozpadły, ale nadal były trochę grube i grube. Zupa powinna być dość gęsta; dodać trochę wody jeśli na tym etapie jest za gęste. Podawać skropione oliwą i posypane świeżą kolendrą.

SAŁATKI

67. Sałatka z pomidora i ogórka

SKŁADNIKI:
- 4 pomidory pokrojone w kostkę
- 2 ogórki, pokrojone w kostkę
- 1 czerwona cebula, drobno posiekana
- 1 zielone chili, drobno posiekane
- Świeża kolendra, posiekana
- Sok z 2 cytryn
- Sól i pieprz do smaku

INSTRUKCJE:
a) Połącz w misce pomidory, ogórki, czerwoną cebulę, zielone chili i kolendrę.
b) Dodać sok z cytryny, sól i pieprz. Wrzucić do połączenia.
c) Przed podaniem schłodzić w lodówce przez godzinę.

68.Sałatka Z Ciecierzycy (Hummus Salatat)

SKŁADNIKI:
- 2 szklanki ugotowanej ciecierzycy
- 1 ogórek, pokrojony w kostkę
- 1 pomidor, pokrojony w kostkę
- 1/2 czerwonej cebuli, drobno posiekanej
- 1/4 szklanki posiekanej świeżej mięty
- 1/4 szklanki posiekanej świeżej pietruszki
- Sok z 1 cytryny
- 2 łyżki oliwy z oliwek
- Sól i pieprz do smaku

INSTRUKCJE:
a) W misce wymieszaj ciecierzycę, ogórek, pomidor, czerwoną cebulę, miętę i pietruszkę.
b) Skropić sokiem z cytryny i oliwą z oliwek.
c) Doprawić solą i pieprzem.
d) Dokładnie wymieszaj sałatkę i podawaj schłodzoną.

69. Sałatka Tabbouleh

SKŁADNIKI:

- 1 szklanka kaszy bulgur namoczonej w gorącej wodzie przez 1 godzinę
- 2 szklanki świeżej pietruszki, drobno posiekanej
- 1 szklanka świeżych liści mięty, drobno posiekanych
- 4 pomidory, pokrojone w drobną kostkę
- 1 ogórek, pokrojony w drobną kostkę
- 1/2 szklanki czerwonej cebuli, drobno posiekanej
- Sok z 3 cytryn
- Oliwa z oliwek
- Sól i pieprz do smaku

INSTRUKCJE:

a) Odcedź namoczony bulgur i przełóż go do dużej miski.
b) Dodać posiekaną natkę pietruszki, miętę, pomidory, ogórek i czerwoną cebulę.
c) W małej misce wymieszaj sok z cytryny i oliwę z oliwek. Polej sałatkę.
d) Doprawić solą i pieprzem. Dobrze wymieszaj i wstaw do lodówki na co najmniej 30 minut przed podaniem.

70. Sałatka Fattosh

SKŁADNIKI:
- 2 szklanki mieszanej sałaty (sałata, rukola, radicchio)
- 1 ogórek, pokrojony w kostkę
- 2 pomidory pokrojone w kostkę
- 1 czerwona papryka, posiekana
- 1/2 szklanki rzodkiewek, pokrojonych w plasterki
- 1/4 szklanki posiekanych świeżych liści mięty
- 1/4 szklanki posiekanej świeżej pietruszki
- 1/4 szklanki oliwy z oliwek
- Sok z 1 cytryny
- 1 łyżeczka sumaku
- Sól i pieprz do smaku
- Chleb Pita, opiekany i połamany na kawałki

INSTRUKCJE:
a) W dużej misce połącz sałatę, ogórek, pomidory, paprykę, rzodkiewki, miętę i pietruszkę.
b) W małej misce wymieszaj oliwę z oliwek, sok z cytryny, sumak, sól i pieprz.
c) Sosem polej sałatkę i wymieszaj.
d) Przed podaniem udekoruj tostowymi kawałkami chleba pita.

71. Sałatka z kalafiora, fasoli i ryżu

SKŁADNIKI:
NA SAŁATKĘ:
- 1 szklanka ugotowanego ryżu basmati, ostudzonego
- 1 mała główka kalafiora, podzielona na różyczki
- 1 puszka (15 uncji) fasoli, odsączona i opłukana
- 1/2 szklanki posiekanej świeżej pietruszki
- 1/4 szklanki posiekanych świeżych liści mięty
- 1/4 szklanki pokrojonej zielonej cebuli

DO OPARTU:
- 3 łyżki oliwy z oliwek
- 2 łyżki soku z cytryny
- 1 łyżeczka mielonego kminku
- 1 łyżeczka mielonej kolendry
- Sól i pieprz do smaku

INSTRUKCJE:
a) Rozgrzej piekarnik do 400°F (200°C).
b) Różyczki kalafiora wymieszać z odrobiną oliwy z oliwek, solą i pieprzem.
c) Rozłóż je na blasze do pieczenia i piecz przez około 20-25 minut lub do momentu, aż będą złocistobrązowe i miękkie. Pozwól mu ostygnąć.
d) Ugotuj ryż basmati zgodnie z instrukcją na opakowaniu. Po ugotowaniu ostudzić do temperatury pokojowej.
e) W małej misce wymieszaj oliwę z oliwek, sok z cytryny, mielony kminek, mieloną kolendrę, sól i pieprz. Dopraw przyprawę według własnego gustu.
f) W dużej misce sałatkowej połącz schłodzony ryż, pieczony kalafior, fasolę, posiekaną natkę pietruszki, posiekaną miętę i pokrojoną w plasterki zieloną cebulę.
g) Sosem polej składniki sałatki i delikatnie wymieszaj, aż wszystko zostanie dobrze pokryte.
h) Przed podaniem sałatkę przechowuj w lodówce co najmniej 30 minut, aby smaki się przegryzły.
i) Podawać schłodzone i w razie potrzeby udekorować dodatkowymi świeżymi ziołami.

72. Sałatka z daktyli i orzechów włoskich

SKŁADNIKI:

- 1 szklanka mieszanej sałaty zielonej
- 1 szklanka daktyli, wypestkowanych i posiekanych
- 1/2 szklanki posiekanych orzechów włoskich
- 1/4 szklanki sera feta, pokruszonego
- Balsamiczny sos winegret

INSTRUKCJE:

a) Ułóż zieloną sałatę na półmisku.
b) Posyp warzywa posiekanymi daktylami, orzechami włoskimi i pokruszonym serem feta.
c) Skropić balsamicznym sosem winegret.
d) Delikatnie wymieszaj przed podaniem.

73. Sałatka z marchwi i pomarańczy

SKŁADNIKI:

- 4 szklanki startej marchewki
- 2 pomarańcze, obrane i podzielone na segmenty
- 1/4 szklanki rodzynek
- 1/4 szklanki posiekanych pistacji
- Pomarańczowy sos winegret

INSTRUKCJE:

a) W dużej misce połącz posiekaną marchewkę, cząstki pomarańczy, rodzynki i pistacje.
b) Skropić pomarańczowym sosem winegret.
c) Dobrze wymieszaj i wstaw do lodówki na co najmniej 30 minut przed podaniem.

DESER

74.Knafeh

SKŁADNIKI:
- 1 lb Ciasto kataifi (rozdrobnione ciasto filo)
- 1 szklanka niesolonego masła, roztopionego
- 2 szklanki startego sera akawi (lub mozzarelli)
- 1 szklanka syropu prostego (cukier i woda)
- Pokruszone pistacje do dekoracji

INSTRUKCJE:
a) kataifi wymieszać z roztopionym masłem i wcisnąć połowę do naczynia do pieczenia.
b) Posyp ciasto pokruszonym serem.
c) Przykryj pozostałym ciastem kataifi i piecz na złoty kolor.
d) Gorący knafeh polej syropem cukrowym i udekoruj pokruszonymi pistacjami.

75. Atayef

SKŁADNIKI:
- 2 filiżanki mąki uniwersalnej
- 1 łyżka cukru
- 1 łyżeczka proszku do pieczenia
- 1 szklanka wody
- 1 szklanka słodkiego sera lub orzechów (do nadzienia)
- Prosty syrop do polania

INSTRUKCJE:
a) Z mąki, cukru, proszku do pieczenia i wody wyrobić ciasto.
b) Na rozgrzaną patelnię wylewaj małe kółka ciasta, formując mini naleśniki.
c) Na środek każdego naleśnika nałóż łyżkę słodkiego sera lub orzechów.
d) Złożyć naleśnik na pół, zlepiając brzegi i smażyć na złoty kolor.
e) Przed podaniem polej syropem cukrowym.

76. Basbousa (Revani)

SKŁADNIKI:
- 1 szklanka semoliny
- 1 szklanka jogurtu naturalnego
- 1 szklanka suszonego kokosa
- 1 szklanka cukru
- 1/2 szklanki niesolonego masła, roztopionego
- 1 łyżeczka proszku do pieczenia
- 1/4 szklanki blanszowanych migdałów (do dekoracji)
- Prosty syrop

INSTRUKCJE:
a) W misce wymieszaj semolinę, jogurt, kokos, cukier, roztopione masło i proszek do pieczenia.
b) Ciasto wlać do natłuszczonej formy do pieczenia i wygładzić wierzch.
c) Piec na złoty kolor. Jeszcze gorące pokroić w romby lub kwadraty.
d) Udekoruj blanszowanymi migdałami i polej ciepłą basbousa syropem cukrowym.

77.Tamriyeh (pliki cookie z datą)

SKŁADNIKI:
- 2 filiżanki mąki uniwersalnej
- 1 szklanka niesolonego masła, zmiękczonego
- 1 szklanka daktyli, wypestkowanych i posiekanych
- 1/2 szklanki posiekanych orzechów włoskich
- 1/4 szklanki cukru
- 1 łyżeczka mielonego cynamonu
- Cukier puder do posypania

INSTRUKCJE:
a) W misce wymieszaj mąkę z miękkim masłem i wyrób ciasto.
b) W osobnej misce wymieszaj daktyle, orzechy włoskie, cukier i cynamon na nadzienie.
c) Odrywać małe porcje ciasta, spłaszczać i na środek kłaść łyżkę mieszanki daktyli.
d) Nałóż ciasto na nadzienie, zlep brzegi i uformuj półksiężyc.
e) Piecz na złoty kolor, a przed podaniem posyp cukrem pudrem.

78.Qatayef

SKŁADNIKI:
- 2 filiżanki mąki uniwersalnej
- 1 łyżeczka proszku do pieczenia
- 1 łyżka cukru
- 1 1/2 szklanki wody
- 1 szklanka słodkiego sera lub orzechów (do nadzienia)
- Prosty syrop do polania
- Pokruszone pistacje do dekoracji

INSTRUKCJE:
a) Z mąki, proszku do pieczenia, cukru i wody wyrobić ciasto.
b) Na rozgrzaną patelnię wylewaj małe kółka ciasta, formując naleśniki.
c) Na środek połóż łyżkę słodkiego sera lub orzechów i złóż naleśnik na pół, sklejając brzegi.
d) Piec na złoty kolor. Skropić syropem cukrowym i udekorować pokruszonymi pistacjami.

79. Harisseh

SKŁADNIKI:
- 1 szklanka semoliny
- 1 szklanka jogurtu naturalnego
- 1/2 szklanki cukru
- 1/4 szklanki klarowanego masła (ghee)
- 1/4 szklanki suszonego kokosa
- 1 łyżeczka proszku do pieczenia
- Prosty syrop do polania
- Migdały do dekoracji

INSTRUKCJE:
a) Wymieszaj semolinę, jogurt, cukier, masło klarowane, wiórki kokosowe i proszek do pieczenia.
b) Ciasto wlać do natłuszczonej formy do pieczenia i wygładzić wierzch.
c) Piec na złoty kolor. Jeszcze ciepłe pokroić w kwadraty i polać syropem cukrowym.
d) Udekoruj migdałami.

80. Sezamowe Kwadraty Migdałowe

SKŁADNIKI:
- 1 szklanka prażonych nasion sezamu
- 1 szklanka cukru
- 1/4 szklanki wody
- 1 szklanka blanszowanych migdałów, posiekanych
- 1 łyżka wody różanej (opcjonalnie)

INSTRUKCJE:
a) Na patelni upraż nasiona sezamu na złoty kolor.
b) W osobnym rondelku wymieszaj cukier z wodą i przygotuj syrop.
c) Do syropu dodaj nasiona sezamu, migdały i wodę różaną. Dobrze wymieszaj.
d) Powstałą masę przełóż do natłuszczonego naczynia, ostudź i pokrój w kwadraty.

81. Awame

SKŁADNIKI:
- 2 filiżanki mąki uniwersalnej
- 1 łyżka jogurtu
- 1 łyżeczka proszku do pieczenia
- Woda (w razie potrzeby)
- Olej roślinny do smażenia
- Prosty syrop do namaczania

INSTRUKCJE:
a) Wymieszaj mąkę, jogurt i proszek do pieczenia. Stopniowo dodawaj wodę, aby uzyskać gęste ciasto.
b) Na głębokiej patelni rozgrzej olej. Na rozgrzany olej nakładać łyżką małe porcje ciasta.
c) Smażyć na złoty kolor, następnie namoczyć na kilka minut w syropie cukrowym.
d) Podawaj awameh na ciepło.

82. Ciasteczka Różowe (Qurabiya)

SKŁADNIKI:
- 2 szklanki semoliny
- 1 szklanka roztopionego ghee
- 1 szklanka cukru pudru
- 1 łyżeczka wody różanej
- Posiekane pistacje do dekoracji

INSTRUKCJE:
a) W misce wymieszaj semolinę, roztopione ghee, cukier puder i wodę różaną, aby uzyskać ciasto.
b) Z ciasta uformuj małe ciasteczka.
c) Ułóż ciasteczka na blasze do pieczenia.
d) Piec w piekarniku nagrzanym do 175°C przez około 15-20 minut lub do złotego koloru.
e) Udekoruj posiekanymi pistacjami i poczekaj, aż ostygną przed podaniem.

83. Tarta Bananowo-Daktylowa

SKŁADNIKI:
- 1 arkusz gotowego ciasta francuskiego
- 3 dojrzałe banany, pokrojone w plasterki
- 1 szklanka daktyli, wypestkowanych i posiekanych
- 1/2 szklanki miodu
- Posiekane orzechy do dekoracji

INSTRUKCJE:
a) Rozwałkuj arkusz ciasta francuskiego i umieść go w formie do tarty.
b) Na cieście ułóż pokrojone w plasterki banany i posiekane daktyle.
c) Owoce polewamy miodem.
d) Piec w piekarniku nagrzanym do temperatury 190°C przez około 20-25 minut lub do momentu, aż ciasto będzie złociste.
e) Przed podaniem udekoruj posiekanymi orzechami.

84. Lody Szafranowe

SKŁADNIKI:
- 2 szklanki gęstej śmietanki
- 1 szklanka skondensowanego mleka
- 1/2 szklanki cukru
- 1 łyżeczka nitek szafranu namoczonych w ciepłej wodzie
- Posiekane pistacje do dekoracji

INSTRUKCJE:
a) W misce ubij gęstą śmietanę, aż powstanie sztywna piana.
b) W osobnej misce wymieszaj skondensowane mleko, cukier i wodę z dodatkiem szafranu.
c) Delikatnie wymieszaj mieszaninę skondensowanego mleka z ubitą śmietaną.
d) Przełożyć mieszaninę do pojemnika i zamrażać przez co najmniej 4 godziny.
e) Przed podaniem udekoruj posiekanymi pistacjami.

85.Kremowy Karmel (Muhallabia)

SKŁADNIKI:
- 1/2 szklanki mąki ryżowej
- 4 szklanki mleka
- 1 szklanka cukru
- 1 łyżeczka wody różanej
- 1 łyżeczka wody z kwiatu pomarańczy
- Posiekane pistacje do dekoracji

INSTRUKCJE:
a) W rondelku rozpuść mąkę ryżową w niewielkiej ilości mleka, aż powstanie gładka pasta.
b) W osobnym garnku podgrzej pozostałe mleko i cukier na średnim ogniu.
c) Dodaj pastę z mąki ryżowej do mieszanki mlecznej, ciągle mieszając, aż mieszanina zgęstnieje.
d) Zdjąć z ognia i wymieszać z wodą różaną i wodą z kwiatu pomarańczy.
e) Wlać mieszaninę do naczyń do serwowania i pozostawić do ostygnięcia.
f) Przechowywać w lodówce aż do zestalenia.
g) Przed podaniem udekoruj posiekanymi pistacjami.

86. Mamoul z datami

SKŁADNIKI:
NA CIASTO:
- 3 szklanki semoliny
- 1 Mąkę o wszechstronnym przeznaczeniu
- 1 szklanka niesolonego masła, roztopionego
- 1/2 szklanki granulowanego cukru
- 1/4 szklanki wody różanej lub wody z kwiatu pomarańczy
- 1/4 szklanki mleka
- 1 łyżeczka proszku do pieczenia

DO WYPEŁNIANIA DATY:
- 2 szklanki posiekanych daktyli, bez pestek
- 1/2 szklanki wody
- 1 łyżka masła
- 1 łyżeczka mielonego cynamonu

DO KURZENIA (OPCJONALNIE):
- Cukier puder do posypania

INSTRUKCJE:
WYPEŁNIANIE DATY:
a) W rondelku wymieszaj posiekane daktyle, wodę, masło i mielony cynamon.
b) Gotuj na średnim ogniu, ciągle mieszając, aż daktyle zmiękną, a mieszanina zgęstnieje do konsystencji pasty.
c) Zdjąć z ognia i pozostawić do ostygnięcia.

CIASTO MAMOUL:
d) W dużej misce wymieszaj semolinę, mąkę uniwersalną i proszek do pieczenia.
e) Do mąki dodać roztopione masło i dobrze wymieszać.
f) W osobnej misce połącz cukier, wodę różaną (lub wodę z kwiatu pomarańczy) i mleko. Mieszaj, aż cukier się rozpuści.
g) Dodaj płynną mieszaninę do mieszanki mąki i ugniataj, aż uzyskasz gładkie ciasto. Jeśli ciasto jest zbyt kruche, można dodać jeszcze trochę roztopionego masła lub mleka.
h) Przykryj ciasto i odstaw na około 30 minut do godziny.

SKŁADANIE PLIKÓW MAMOUL:
i) Rozgrzej piekarnik do 175°C (350°F).
j) Odrywamy niewielką porcję ciasta i formujemy z niej kulę. Spłaszczyć kulkę w dłoni i na środek nałożyć niewielką ilość nadzienia daktylowego.
k) Zakryj nadzienie ciastem, uformuj gładką kulę lub kopułę. Do dekoracji możesz użyć foremek Mamoul, jeśli je posiadasz.
l) Napełnione ciasteczka układamy na blasze wyłożonej papierem do pieczenia.
m) Piec przez 15-20 minut lub do momentu, aż spód będzie złotobrązowy. Topy nie mogą znacząco zmieniać koloru.
n) Pozostaw ciasteczka na blasze do ostygnięcia na kilka minut, a następnie przenieś je na metalową kratkę, aby całkowicie ostygły.

OPCJONALNE ODKURZANIE:
o) Gdy ciasteczka Mamoul całkowicie ostygną, możesz posypać je cukrem pudrem.

87. Syryjska Namora

SKŁADNIKI:

- 200 g masła (stopionego)
- 225 g cukru
- 3 szklanki (500 g) jogurtu
- 3 filiżanki (600 g) semoliny (2,5 filiżanki grubej semoliny i 0,5 filiżanki drobnej semoliny)
- 3 łyżki kokosa (drobno suszonego)
- 2 łyżeczki proszku do pieczenia
- 1 łyżka wody różanej lub syropu cukrowego z kwiatu pomarańczy

INSTRUKCJE:
SYROP CUKROWY:
a) W rondlu wymieszaj 1 szklankę cukru, ½ szklanki wody i 1 łyżeczkę soku z cytryny.
b) Gotuj mieszaninę przez 5 do 7 minut na średnim ogniu, a następnie pozostaw do ostygnięcia.

NAMORA:
c) Wymieszaj roztopione masło i cukier, ubijaj, aż dobrze się połączą.
d) Do masy dodać jogurt i ponownie wymieszać do całkowitego połączenia.
e) Wymieszaj grubą i drobną semolinę, proszek do pieczenia, kokos i wodę różaną. Mieszaj, aż uzyskasz gładkie ciasto.
f) Ciasto wlać do foremek na babeczki. Opcjonalnie dekorujemy babeczki płatkami migdałów.
g) Piec ciasto w piekarniku nagrzanym do 180 stopni Celsjusza przez 15 do 20 minut lub do momentu, aż uzyska złoty kolor.
h) Gdy babeczki są w piekarniku, przygotuj syrop cukrowy.
i) Po upieczeniu babeczek polej je syropem cukrowym, gdy są jeszcze ciepłe. Dzięki temu będą wilgotne i aromatyczne.

88. Syryjskie ciasteczka daktylowe

SKŁADNIKI:
DLA WKLEJENIA DATY:
- 2 szklanki pestek daktyli, najlepiej Medjool
- 1/2 szklanki wody
- 1 łyżeczka soku z cytryny

NA CIASTO BROWNIE:
- 1/2 szklanki niesolonego masła, roztopionego
- 1 szklanka granulowanego cukru
- 2 duże jajka
- 1 łyżeczka ekstraktu waniliowego
- 1/2 szklanki mąki uniwersalnej
- 1/3 szklanki niesłodzonego kakao w proszku
- 1/4 łyżeczki proszku do pieczenia
- 1/4 łyżeczki soli
- 1/2 szklanki posiekanych orzechów (włoskich lub migdałów), opcjonalnie

INSTRUKCJE:
WKLEJ DATĘ:
a) W małym rondlu połącz wypestkowane daktyle i wodę.
b) Doprowadzić do wrzenia na średnim ogniu i gotować przez około 5-7 minut lub do momentu, aż daktyle będą miękkie.
c) Zdejmij z ognia i pozwól mu lekko ostygnąć.
d) Przełóż zmiękczone daktyle do robota kuchennego, dodaj sok z cytryny i miksuj, aż uzyskasz gładką pastę. Odłożyć na bok.

Ciasto Brownie:
e) Rozgrzej piekarnik do 175°C (350°F). Natłuszczamy i wykładamy blachę do pieczenia papierem pergaminowym.
f) W dużej misce wymieszaj roztopione masło i cukier, aż dobrze się połączą.
g) Dodawaj jajka, jedno po drugim, dobrze ubijając po każdym dodaniu. Wymieszaj ekstrakt waniliowy.
h) W osobnej misce przesiej mąkę, kakao, proszek do pieczenia i sól.
i) Stopniowo dodawaj suche składniki do mokrych, miksuj tylko do połączenia.
j) Dodaj pastę daktylową i posiekane orzechy (jeśli używasz) do ciasta brownie, aż zostaną równomiernie rozłożone.
k) Ciasto wlać do przygotowanej formy do pieczenia i równomiernie rozprowadzić.
l) Piec w nagrzanym piekarniku przez 25-30 minut lub do momentu, aż po wbitej w środek wykałaczce wyjdzie kilka wilgotnych okruszków.
m) Pozwól, aby ciasteczka całkowicie ostygły na patelni, a następnie pokrój je w kwadraty.
n) Opcjonalnie: Wystudzone brownies posyp kakao lub cukrem pudrem do dekoracji.

89. Bakława

SKŁADNIKI:

- 1 opakowanie ciasta filo
- 1 szklanka niesolonego masła, roztopionego
- 2 szklanki mieszanki orzechów (orzechy włoskie, pistacje), drobno posiekane
- 1 szklanka granulowanego cukru
- 1 łyżeczka mielonego cynamonu
- 1 szklanka miodu
- 1/4 szklanki wody
- 1 łyżeczka wody różanej (opcjonalnie)

INSTRUKCJE:

a) Rozgrzej piekarnik do 175°C (350°F).
b) W misce wymieszaj posiekane orzechy z cukrem i cynamonem.
c) Umieść arkusz ciasta filo w natłuszczonej formie do pieczenia, posmaruj roztopionym masłem i powtórz tę czynność przez około 10 warstw.
d) Posyp filo warstwą mieszanki orzechów.
e) Kontynuuj układanie warstw filo i orzechów, aż skończą się składniki, kończąc wierzchnią warstwą filo.
f) Za pomocą ostrego noża pokrój baklawę w romby lub kwadraty.
g) Piec przez 45-50 minut lub do złotego koloru.
h) Podczas pieczenia baklawy podgrzej miód, wodę i wodę różaną (jeśli używasz) w rondlu na małym ogniu.
i) Gdy baklava będzie już gotowa, natychmiast polej ją gorącą mieszanką miodu.
j) Przed podaniem poczekaj, aż baklava ostygnie.

90. Halawet el Jibn (syryjskie bułeczki ze słodkim serem)

SKŁADNIKI:
- 1 szklanka sera ricotta
- 1 szklanka semoliny
- 1/2 szklanki cukru
- 1/4 szklanki niesolonego masła
- 1 szklanka mleka
- 1 łyżka wody z kwiatu pomarańczy
- Blanszowane migdały do dekoracji
- Rozdrobnione ciasto filo do wałkowania

INSTRUKCJE:
a) W rondlu wymieszaj ser ricotta, kaszę manną, cukier, masło i mleko.
b) Gotuj na średnim ogniu, ciągle mieszając, aż mieszanina zgęstnieje.
c) Zdjąć z ognia i wymieszać z wodą z kwiatu pomarańczy.
d) Niech mieszanina ostygnie.
e) Odbierać małe porcje mieszanki i owijać je w posiekane ciasto filo, formując małe bułeczki.
f) Udekoruj blanszowanymi migdałami.
g) Podawaj te słodkie bułeczki serowe jako pyszny deser lub dodatek do śniadania.

91. Basbousa (ciasto z semoliny)

SKŁADNIKI:
- 1 szklanka semoliny
- 1 szklanka granulowanego cukru
- 1 szklanka jogurtu naturalnego
- 1/2 szklanki niesolonego masła, roztopionego
- 1 łyżeczka proszku do pieczenia
- 1/4 szklanki wiórków kokosowych (opcjonalnie)
- 1/4 szklanki blanszowanych migdałów lub orzeszków piniowych do dekoracji

SYROP:
- 1 szklanka granulowanego cukru
- 1/2 szklanki wody
- 1 łyżka wody różanej
- 1 łyżka wody z kwiatu pomarańczy

INSTRUKCJE:
a) Rozgrzej piekarnik do 175°C (350°F).
b) W misce wymieszaj semolinę, cukier, jogurt, roztopione masło, proszek do pieczenia i wiórki kokosowe, aż dobrze się połączą.
c) Ciasto wlać do natłuszczonej formy do pieczenia.
d) Wygładź powierzchnię szpatułką i pokrój w romby.
e) Umieść migdał lub orzeszek piniowy na środku każdego diamentu.
f) Piec przez 30-35 minut lub do złotego koloru.
g) W czasie pieczenia ciasta przygotuj syrop, gotując cukier z wodą, aż cukier się rozpuści.
h) Zdjąć z ognia i dodać wodę różaną i wodę z kwiatu pomarańczy.
i) Gdy ciasto będzie gotowe, polej je syropem, gdy jest jeszcze ciepłe.
j) poczekaj, aż basbousa wchłonie syrop.

92.Znoud El Sit (ciasto z kremem syryjskim)

SKŁADNIKI:
- 10 arkuszy ciasta filo
- 1 szklanka gęstej śmietanki
- 1/4 szklanki granulowanego cukru
- 1 łyżeczka wody różanej
- Olej roślinny do smażenia
- Syrop prosty (1 szklanka cukru, 1/2 szklanki wody, 1 łyżeczka soku z cytryny, gotowana do uzyskania syropu)

INSTRUKCJE:
a) W misce ubij śmietankę z cukrem i wodą różaną, aż powstanie sztywna piana.
b) Pokrój arkusze filo na prostokąty (około 4 x 8 cali).
c) Na jednym końcu każdego prostokąta nałóż łyżkę bitej śmietany.
d) Złóż boki na krem i zwiń jak cygaro.
e) Rozgrzej olej roślinny na głębokiej patelni i smaż ciasta na złoty kolor.
f) Smażone ciasta maczać w przygotowanym syropie cukrowym.
g) aż znoud el ostygnie.

93. Mafroukeh (deser z kaszy manny i migdałów)

SKŁADNIKI:

- 2 szklanki semoliny
- 1 szklanka niesolonego masła
- 1 szklanka granulowanego cukru
- 1 szklanka pełnego mleka
- 1 szklanka blanszowanych migdałów, uprażonych i posiekanych
- Syrop prosty (1 szklanka cukru, 1/2 szklanki wody, 1 łyżeczka wody z kwiatu pomarańczy, gotowane do uzyskania syropu)

INSTRUKCJE:

a) Na patelni rozpuść masło i dodaj semolinę. Mieszaj ciągle, aż uzyskasz złoty kolor.
b) Dodaj cukier i kontynuuj mieszanie, aż składniki dobrze się połączą.
c) Powoli dodawaj mleko cały czas mieszając, aby uniknąć grudek. Gotuj, aż mieszanina zgęstnieje.
d) Zdjąć z ognia i wymieszać z prażonymi i posiekanymi migdałami.
e) Wciśnij mieszaninę do naczynia do serwowania i pozostaw do ostygnięcia.
f) Pokrój w romby i polej mafroukeh przygotowanym prostym syropem .
g) Przed podaniem poczekaj, aż syrop wchłonie.

94. Galettes z czerwonej papryki i pieczonych jajek

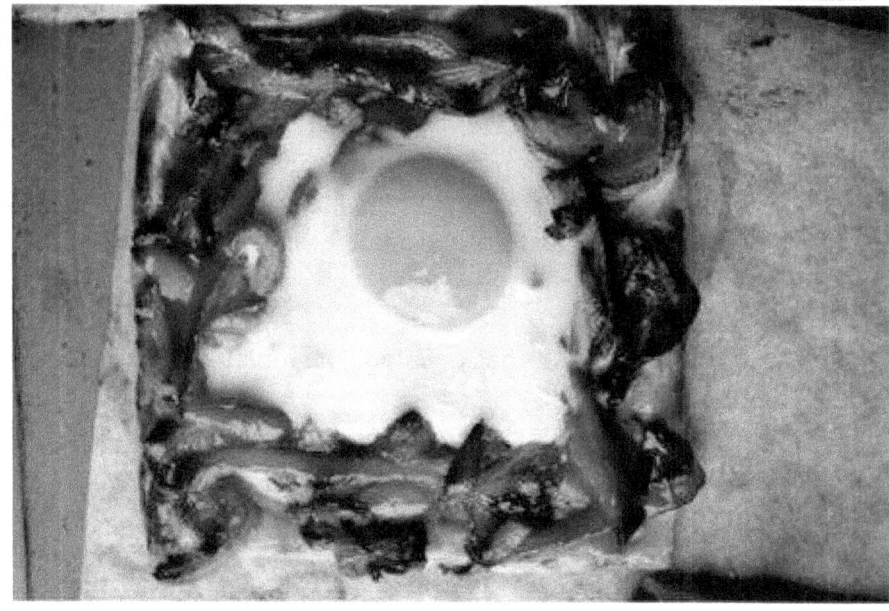

SKŁADNIKI:
- 4 średnie czerwone papryki, przekrojone na pół, pozbawione nasion i pokrojone w paski o szerokości 1 cm
- 3 małe cebule przekrojone na pół i pokrojone w kliny o szerokości 2 cm
- 4 gałązki tymianku, liście zebrane i posiekane
- 1 ½ łyżeczki mielonej kolendry
- 1 ½ łyżeczki mielonego kminku
- 6 łyżek oliwy z oliwek plus trochę do wykończenia
- 1 ½ łyżki liści pietruszki płaskolistnej, grubo posiekanych
- 1 ½ łyżki liści kolendry, grubo posiekanych
- 250 g najwyższej jakości ciasta francuskiego maślanego
- 2 łyżki / 30 g kwaśnej śmietany
- 4 duże jajka z wolnego wybiegu (lub 160 g pokruszonego sera feta) plus 1 lekko ubite jajko
- sól i świeżo zmielony czarny pieprz

INSTRUKCJE:

a) Rozgrzej piekarnik do 210°C/400°F. W dużej misce wymieszaj paprykę, cebulę, liście tymianku, mielone przyprawy, oliwę z oliwek i dużą szczyptę soli. Rozłóż na blaszce do pieczenia i piecz przez 35 minut, mieszając kilka razy w trakcie gotowania. Warzywa powinny być miękkie i słodkie, ale nie zbyt chrupiące ani brązowe, ponieważ będą się dalej gotować. Wyjmij z piekarnika i wymieszaj z połową świeżych ziół. Dopraw do smaku i odłóż na bok. Rozgrzej piekarnik do 220°C.

b) Na lekko posypanej mąką powierzchni rozwałkuj ciasto francuskie na kwadrat o boku 30 cm i grubości około 3 mm i pokrój na cztery kwadraty o średnicy 15 cm. Nakłuj kwadraty widelcem i ułóż je w odpowiednich odstępach na blasze wyłożonej papierem do pieczenia. Odstawić do lodówki na co najmniej 30 minut.

c) Wyjmij ciasto z lodówki i posmaruj wierzch i boki roztrzepanym jajkiem. Używając szpatułki lub tylnej części łyżki, rozprowadź 1½ łyżeczki kwaśnej śmietany na każdym kwadracie, pozostawiając margines o szerokości 0,5 cm wokół krawędzi. Ułóż 3 łyżki mieszanki pieprzowej na wierzchu kwadratów pokrytych kwaśną śmietaną, pozostawiając brzegi wolne do wyrośnięcia. Należy go rozprowadzić dość równomiernie, ale pozostawić pośrodku płytkie wgłębienie, w którym później zmieści się jajko.

d) Piec galettes przez 14 minut. Wyjmij blachę do pieczenia z piekarnika i ostrożnie wbij całe jajko w zagłębienie pośrodku każdego ciasta. Wróć do piekarnika i piecz przez kolejne 7 minut, aż jajka się zetną. Posyp czarnym pieprzem i pozostałymi ziołami i skrop oliwą. Podawać na raz.

95. Ciasto Ziołowe

SKŁADNIKI:
- 2 łyżki oliwy z oliwek, plus dodatkowa ilość do posmarowania ciasta
- 1 duża cebula, pokrojona w kostkę
- 500 g boćwiny, łodygi i liście drobno posiekane, ale trzymane osobno
- 150 g selera, pokrojonego w cienkie plasterki
- 1¾ uncji / 50 g posiekanej zielonej cebuli
- 1¾ uncji / 50 g rukoli
- 30 g posiekanej natki pietruszki płaskolistnej
- 30 g mięty, posiekanej
- ¾ uncji / 20 g koperku, posiekanego
- 120 g sera anari lub ricotta, pokruszonego
- 100 g dojrzałego sera Cheddar, startego
- 60 g sera feta, pokruszonego
- otarta skórka z 1 cytryny
- 2 duże jajka z wolnego wybiegu
- ⅓ łyżeczki soli
- ½ łyżeczki świeżo zmielonego czarnego pieprzu
- ½ łyżeczki drobnego cukru
- 250 g ciasta filo

INSTRUKCJE:
a) Rozgrzej piekarnik do 200°C/400°F. Wlać oliwę z oliwek do dużej, głębokiej patelni ustawionej na średnim ogniu. Dodaj cebulę i smaż przez 8 minut, nie rumieniąc się. Dodaj łodygi boćwiny i seler i kontynuuj smażenie przez 4 minuty, od czasu do czasu mieszając. Dodaj liście boćwiny, zwiększ ogień do średnio-wysokiego i mieszaj, gotując przez 4 minuty, aż liście zwiędną. Dodaj zieloną cebulę, rukolę i zioła i smaż jeszcze 2 minuty. Zdejmij z ognia i przełóż na durszlak, aby ostygł.
b) Gdy masa ostygnie, odciśnij jak najwięcej wody i przełóż ją do miski. Dodać trzy sery, skórkę z cytryny, jajka, sól, pieprz i cukier i dobrze wymieszać.
c) Rozłóż arkusz ciasta filo i posmaruj go odrobiną oliwy z oliwek. Przykryj innym arkuszem i kontynuuj w ten sam sposób, aż uzyskasz 5 warstw filo posmarowanych olejem, wszystkie pokrywające obszar wystarczająco duży, aby wyłożyć boki i spód formy do ciasta o średnicy 8½ cala / 22 cm plus dodatkowa ilość do powieszenia nad brzegiem . Formę do ciasta wyłóż ciastem, napełnij mieszanką ziół i złóż nadmiar ciasta na krawędzi nadzienia, w razie potrzeby przycinając ciasto, aby utworzyć brzeg o szerokości 2 cm.
d) Uformuj kolejny zestaw 5 warstw filo posmarowanych olejem i połóż je na cieście. Ciasto lekko zgnieć, aby uzyskać falisty, nierówny wierzch i przytnij krawędzie tak, aby tylko zakrywało ciasto. Posmaruj oliwą z oliwek i piecz przez 40 minut, aż filo nabierze ładnego złotobrązowego koloru. Wyjmij z piekarnika i podawaj na ciepło lub w temperaturze pokojowej.

96.Bureki

SKŁADNIKI:
- 500 g najwyższej jakości ciasta francuskiego maślanego
- 1 duże ubite jajko z wolnego wybiegu

NADZIENIE Z RICOTTY
- ¼ szklanki / 60 g twarogu
- ¼ szklanki / 60 g serka ricotta
- ⅔ szklanki / 90 szt. pokruszonego sera feta
- 2 łyżeczki / 10 g roztopionego niesolonego masła

NADZIENIE PECORINO
- 3½ łyżki / 50 g serka ricotta
- ⅔ szklanki / 70 g tartego dojrzewającego sera pecorino
- ⅓ szklanki / 50 g startego dojrzewającego sera Cheddar
- 1 por pokrojony w 5-centymetrowe segmenty, blanszowany do miękkości i drobno posiekany (w sumie ¾ szklanki / 80 g)
- 1 łyżka posiekanej natki pietruszki płaskolistnej
- ½ łyżeczki świeżo zmielonego czarnego pieprzu

POSIEW
- 1 łyżeczka nasion czarnuszki
- 1 łyżeczka nasion sezamu
- 1 łyżeczka nasion gorczycy żółtej
- 1 łyżeczka nasion kminku
- ½ łyżeczki płatków chili

INSTRUKCJE:

a) Ciasto rozwałkować na dwa kwadraty o średnicy 30 cm każdy i grubości 3 mm. Ułóż arkusze ciasta na wyłożonej pergaminem blasze do pieczenia – mogą układać się jeden na drugim, umieszczając pomiędzy nimi arkusz pergaminu – i pozostaw w lodówce na 1 godzinę.

b) Każdy zestaw składników nadzienia umieść w osobnej misce. Wymieszaj i odłóż na bok. Wszystkie nasiona wymieszaj w misce i odłóż na bok.

c) Pokrój każdy arkusz ciasta na kwadraty o boku 10 cm; powinieneś otrzymać w sumie 18 kwadratów. Podzielić pierwsze nadzienie równomiernie na połowę kwadratów, nakładając je łyżką na środek każdego kwadratu. Posmaruj jajkiem dwie sąsiednie krawędzie każdego kwadratu, a następnie złóż kwadrat na pół, tworząc trójkąt. Wypuść całe powietrze i mocno ściśnij boki. Chcesz bardzo dobrze docisnąć krawędzie, aby nie otworzyły się podczas gotowania. Powtórzyć z pozostałymi kwadratami ciasta i drugim nadzieniem. Ułożyć na blaszce wyłożonej pergaminem i wstawić do lodówki na co najmniej 15 minut, żeby stwardniało. Rozgrzej piekarnik do 220°C/425°F.

d) Posmaruj dwa krótkie brzegi każdego ciasta jajkiem i zanurz je w mieszance nasion; wystarczy niewielka ilość nasion o szerokości zaledwie ⅙ cala / 2 mm, ponieważ są one dość dominujące. Wierzch każdego ciasta posmaruj również odrobiną jajka, unikając nasion.

e) Upewnij się, że ciasta są rozmieszczone w odległości około 1¼ cala / 3 cm. Piec przez 15 do 17 minut, aż całe ciasto będzie złociste. Podawać na ciepło lub w temperaturze pokojowej. Jeśli podczas pieczenia część nadzienia wyleje się z ciastek, po prostu delikatnie włóż je z powrotem, gdy wystygną na tyle, że będzie można je unieść.

97.Ghraybeh

SKŁADNIKI:

- ¾ szklanki plus 2 łyżki / 200 g ghee lub masła klarowanego, z lodówki, aby było stałe
- ⅔ szklanki / 70 g cukru cukierniczego
- 3 szklanki / 370 g mąki uniwersalnej, przesianej
- ½ łyżeczki soli
- 4 łyżeczki wody z kwiatu pomarańczy
- 2 ½ łyżeczki wody różanej
- około 5 łyżek / 30 g niesolonych pistacji

INSTRUKCJE:

a) W mikserze wyposażonym w końcówkę do ubijania ubijaj ghee i cukier puder przez 5 minut, aż masa będzie puszysta, kremowa i blada. Wymień ubijak na końcówkę do ubijania, dodaj mąkę, sól, wodę różaną i kwiat pomarańczy i mieszaj przez dobre 3 do 4 minut, aż powstanie jednolite, gładkie ciasto.
b) Ciasto zawinąć w folię spożywczą i schłodzić przez 1 godzinę.
c) Rozgrzej piekarnik do 180°C/350°F. Uszczypnij kawałek ciasta o wadze około 15 g i zwiń go w kulkę między dłońmi. Lekko spłaszczamy i układamy na blasze wyłożonej papierem do pieczenia. Powtórz tę czynność z resztą ciasta, układając ciasteczka na wyłożonych papierem arkuszach w odpowiednich odstępach. W środek każdego ciasteczka wciśnij 1 pistację.
d) Piec przez 17 minut, uważając, aby ciasteczka nie nabrały koloru, ale po prostu się upiekły. Wyjąć z piekarnika i pozostawić do całkowitego wystygnięcia.
e) Przechowuj ciasteczka w szczelnym pojemniku do 5 dni.

98. Mutabaq

SKŁADNIKI:
- ⅔ szklanki / 130 g roztopionego, niesolonego masła
- 14 arkuszy ciasta filo, 12 na 15½ cala / 31 na 39 cm
- 2 szklanki / 500 g sera ricotta
- 250 g miękkiego sera z koziego mleka
- pokruszone niesolone pistacje do dekoracji (opcjonalnie)
- SYROP
- 6 łyżek / 90 ml wody
- w zaokrągleniu 1⅓ szklanki / 280 g drobnego cukru
- 3 łyżki świeżo wyciśniętego soku z cytryny

INSTRUKCJE:

a) Rozgrzej piekarnik do 230°C/450°F. Posmaruj płytką blachę do pieczenia o wymiarach około 11 na 14½ cala / 28 na 37 cm odrobiną roztopionego masła. Na wierzchu rozłóż arkusz filo, wsuwając go w rogi i pozwalając, aby krawędzie zwisały. Posmaruj całość masłem, przykryj kolejnym arkuszem i ponownie posmaruj masłem. Powtarzaj ten proces, aż będziesz mieć równomiernie ułożone 7 arkuszy, każdy posmarowany masłem.

b) Do miski włóż ricottę i ser kozi, rozgnieć widelcem, dobrze wymieszaj. Rozłóż na górnym arkuszu filo, pozostawiając 2 cm wolnego miejsca wokół krawędzi. Posmaruj powierzchnię sera masłem i połóż na nim pozostałych 7 arkuszy filo, smarując każdy z nich po kolei masłem.

c) Użyj nożyczek, aby odciąć około 2 cm od krawędzi, ale tak, aby nie sięgały sera, aby dobrze trzymał się w cieście. Delikatnie wsuń palcami krawędzie filo pod ciasto, aby uzyskać gładkie krawędzie. Całość posmaruj większą ilością masła. Użyj ostrego noża, aby pociąć powierzchnię na kwadraty o wielkości około 2¾ cala / 7 cm, tak aby nóż sięgał prawie do dna, ale nie do końca. Piec przez 25 do 27 minut, aż będą złociste i chrupiące.

d) W czasie pieczenia ciasta przygotuj syrop. Do małego rondelka wlać wodę i cukier i dobrze wymieszać drewnianą łyżką. Postaw na średnim ogniu, zagotuj, dodaj sok z cytryny i gotuj na wolnym ogniu przez 2 minuty. Zdjąć z ognia.

e) Zaraz po wyjęciu z piekarnika powoli polej syropem ciasto, upewniając się, że równomiernie się wchłonęło. Pozostawić do ostygnięcia na 10 minut. Posyp pokruszonymi pistacjami, jeśli używasz i pokrój na porcje.

99. Sherbata

SKŁADNIKI:
- 1 litr mleka
- 1 szklanka cukru
- 1/2 szklanki śmietanki
- Kilka kropli esencji waniliowej
- 1 łyżeczka posiekanych migdałów
- 1 łyżeczka posiekanych pistacji
- 1 łyżka kremu waniliowego
- 1 szczypta szafranu

INSTRUKCJE:
a) W garnku zagotuj mleko.
b) Do wrzącego mleka dodać cukier, śmietankę, esencję waniliową, budyń waniliowy, szafran, pokrojone migdały i pokrojone pistacje.
c) Gotuj mieszaninę na małym ogniu, aż mleko zgęstnieje. Ciągle mieszaj, aby uniknąć przyklejenia się do dna.
d) Zdejmij garnek z ognia i poczekaj, aż sorbat ostygnie do temperatury pokojowej.
e) Po ostygnięciu włóż mieszaninę do lodówki, aby dobrze się schłodziła.
f) Sherbat jest teraz gotowy do podania.
g) Przelej schłodzony sorbat do szklanek i w razie potrzeby udekoruj dodatkowymi plasterkami migdałów i pistacjami.

100.Budyń Qamar al-Din

SKŁADNIKI:
- 1 szklanka suszonej pasty morelowej (Qamar al-Din)
- 4 szklanki wody
- 1/2 szklanki cukru (dostosuj do smaku)
- 1/4 szklanki skrobi kukurydzianej
- 1 łyżeczka wody z kwiatu pomarańczy (opcjonalnie)
- Posiekane orzechy do dekoracji

INSTRUKCJE:
a) W rondlu rozpuść pastę morelową w wodzie na średnim ogniu.
b) Dodać cukier i mieszać aż się rozpuści.
c) W osobnej misce wymieszaj skrobię kukurydzianą z niewielką ilością wody, aby uzyskać gładką pastę.
d) Stopniowo dodawaj pastę ze skrobi kukurydzianej do mieszanki morelowej, ciągle mieszając, aż zgęstnieje.
e) Zdejmij z ognia i dodaj wodę z kwiatu pomarańczy, jeśli używasz.
f) Wlać mieszaninę do naczyń do serwowania i pozostawić do ostygnięcia.
g) Przechowywać w lodówce aż do zestalenia.
h) Przed podaniem udekoruj posiekanymi orzechami.

WNIOSEK

Kończymy naszą pełną smaku podróż przez „Betlejem: współczesne spojrzenie na kuchnię palestyńską", mamy nadzieję, że doświadczyłeś radości odkrywania współczesnych smaków emanujących z serca Palestyny. Każdy przepis na tych stronach jest celebracją świeżości, przypraw i gościnności, które definiują dania palestyńskie – świadectwo bogatej różnorodności smaków, które sprawiają, że kuchnia ta jest tak uwielbiana.

Niezależnie od tego, czy delektowałeś się maqlubą, różnorodnymi mezze, czy też rozkoszowałeś się słodyczą pomysłowych deserów, ufamy, że te przepisy rozpaliły Twoją pasję do kuchni palestyńskiej. Niech poza składnikami i technikami koncepcja nowoczesnego podejścia do kuchni palestyńskiej stanie się źródłem więzi, świętowania i uznania dla tradycji kulinarnych, które jednoczą ludzi.

Gdy będziesz kontynuować odkrywanie świata kuchni palestyńskiej, niech „Betlejem" będzie Twoim zaufanym towarzyszem, prowadzącym Cię przez różnorodne dania, które oddają esencję Palestyny. Za delektowanie się odważnymi i wyrafinowanymi smakami, dzielenie się posiłkami z bliskimi oraz cieszenie się ciepłem i gościnnością, które definiują kuchnię palestyńską. Sahtain!

www.ingramcontent.com/pod-product-compliance
Lightning Source LLC
Chambersburg PA
CBHW071324110526
44591CB00010B/1016